SCÈNES

DE LA

VIE MILITAIRE

EN TUNISIE

SCÈNES

DE LA

VIE MILITAIRE

EN TUNISIE

PAR

GEORGES CHEVILLET

Édition illustrée de 22 Gravures.

PARIS

SANARD ET DERANGEON, ÉDITEURS

174, RUE SAINT-JACQUES, 174

—

1896

Notre camp sous les remparts de Kairouan.

AU LECTEUR

Je ne veux pas entreprendre l'histoire de tout ce qui s'est passé pendant la guerre de Tunisie ; je raconterai seulement ce dont j'ai été le témoin oculaire : acheminements parfois bien pénibles à travers des pays sauvages, courses brillantes sur les bords ravissants de la Méditerranée ou parmi les Arabes vaincus du désert, rapides prises de villes et de douars, campements sous des remparts crénelés ou sous des bosquets d'oliviers et d'orangers ; voilà ce que je veux dire. J'essaierai de décrire aussi le ciel profond d'Afrique, les villes blanches avec leurs minarets et leurs terrasses, la mer bleue, les plages d'or, les oasis, la plaine sans bornes et le soleil, roi de cette nature luxuriante et enchanteresse.

J'ai voyagé en artiste et en poète autant qu'en soldat.

Mais j'ai voyagé aussi en chrétien dans ces contrées toutes couvertes de ruines romaines et toutes remplies encore par le souvenir de saint Augustin, de saint Cyprien, de sainte Monique, de sainte Perpétue, de sainte Félicité, de toutes ces grandes figures de saints et de tous ces génies immortels de l'antique Eglise d'Afrique; je n'ai pu oublier aussi qu'un roi de France qui eut nom saint Louis était venu, avec la fleur de sa chevalerie, mourir sur les ruines de Carthage.

Ce livre renferme toutes les émotions, tous les sentiments que j'ai éprouvés au milieu des splendeurs orientales. Couleurs, harmonies, lumière, brillent plus que les aventures et les faits d'armes.

Si j'écris ce livre, ce n'est pas pour intéresser par de hautes questions politiques ou militaires, mais simplement pour peindre ces rivages africains que je ne reverrai peut-être plus et où s'écoulèrent, pleines de vraie liberté, quelques années de mon existence, une étape de vie de mon ardente jeunesse.

Je voudrais que ma plume possédât un coloris assez riche pour peindre ce pays tant aimé des Romains, enrichi par eux de gigantesques monuments. Sur leurs ruines, depuis des siècles, l'Arabe rêve, solitaire sous son ciel embrasé.

En tout cas, c'est avec un cœur encore tout imprégné de soleil que j'écris ; je m'adresse à tous ceux qui aiment parfois s'oublier au milieu des ruissellements de couleurs et de rayons, ces fantasias de la nature dans lesquelles se trouvent tant de sensations pour l'âme de l'artiste, et pour le cœur de celui qui sait s'élever vers le Dieu de toute Beauté.

SCÈNES DE LA VIE MILITAIRE

EN TUNISIE

I

DÉPART DE FRANCE

Le 16 avril 1881, la petite ville bretonne de Fougères, où j'étais en garnison, se réveillait par un ciel clair et superbe. Étant comme chef de poste à la garde du quartier, je venais de passer la nuit sans trop dormir et je me promenais de long en large en me chauffant au soleil, lorsque tout à coup un ordre arrive qui met en émoi toute la caserne : il faut quatre-vingt-dix hommes et deux sous-officiers qui doivent se diriger dès le lendemain vers Orange, où l'on forme une compagnie d'Afrique pour la guerre de Tunisie qui vient de commencer.

Aussitôt mon cœur bat, mon imagination s'exalte, les flammes du désir s'allument en moi, je cours trouver le capitaine et j'ai la bonne chance d'être l'un des deux sous-officiers désignés pour partir.

La journée se passe dans les multiples préparatifs du départ, journée d'émotions ardentes pendant laquelle des nuages d'inconnu viennent flotter devant mes yeux.

On se hâte, car il faut que tout soit prêt pour le lendemain ; on se munit de l'habillement, de l'armement et du campement de campagne, vestes à la place des dolmans, cartouches, toiles de tentes, vivres de réserve, etc. ; on choisit les chevaux, on fait les paquetages.

A cinq heures du matin, la musique nous accompagne jusqu'à la gare, nos amis nous serrent la main et le train nous emporte.

Je suis fou de voyages. Cependant tout départ cause une souffrance intime que j'aime et pourtant qui remue. Aussi est-ce avec un certain regret que je regarde une dernière fois la ville où j'eus des jours tristes et des jours joyeux, où j'endurai les premières et dures épreuves du métier militaire et où je m'enthousiasmai de mes premiers grades.

Avec son vieux château féodal, dont les ruines couvrent une vallée entière, avec son antique couvent servant maintenant de caserne et sous les arcades sombres duquel on fait l'exercice lorsqu'il pleut, avec plusieurs rues montueuses et bordées de maisons à pignon, Fougères conserve toutes les allures franches de la pittoresque nature de Bretagne au milieu de sa plaine sillonnée de chemins creux, de talus, de haies, de chênes, et tout près d'une vaste et célèbre forêt. Des fabriques de chaussures, tout enfumées par la prosaïque industrie moderne, jettent une tache noire sur l'abondante verdure bretonne, mais ne peuvent en faire disparaître les chevaleresques souvenirs d'autrefois.

Adieu, Fougères la verdoyante ! Le train file, et notre commandant nous accompagne jusqu'à Vitré où il nous fait ses adieux et où nous nous arrêtons pendant deux heures. J'y vois l'hôtel de notre gracieuse Mme de Sévigné, ainsi que l'antique manoir des ducs de la Trémouille.

Puis le train s'élance de nouveau et nous quittons bientôt le beau pays des pommiers et du cidre pour arriver, dans deux jours, au pays des platanes et des vignes.

Nous couchons au Mans, ville large, bien aérée et dominée par la masse de sa cathédrale.

Toute la journée du vendredi saint se passe en route. A sept heures du soir, par une pluie froide, nous prenons nos billets de logement à Moulins. J'écris plusieurs lettres, une entre autres à Versailles où mes parents ignorent encore mon départ si précipité. Vers minuit, je prends un peu de repos ; à cinq heures du matin, ayant quelque loisir, je me dirige vers la cathédrale pour y faire mes Pâques. Peut-être après n'en aurais-je plus le temps ni l'occasion : j'en profite aujourd'hui. Comme c'est le samedi saint et que le Saint Sacrement est encore au reposoir, on me donne la communion à la sacristie. Puis le prêtre, cet homme, cet ami, ce cœur que notre religion catholique met partout à notre rencontre, m'accompagne jusqu'à la porte et me souhaite bon voyage, bonne chance et une décoration : tous ses souhaits se sont accomplis.

Je sors heureux. C'est si doux d'avoir Dieu dans son cœur !

Dieu, c'est le grand poète, le grand inspirateur. Avec lui, on possède plus de clartés pour jouir des beautés artistiques d'un voyage.

Dieu, c'est le maître, le seul, malgré tout. Avec lui, on possède plus de calme courage, plus de grandeur de vue pour mener vaillamment la vie de campagne, souvent plus pénible par les longues privations que par les batailles d'une heure.

Il en est qui se moquent de cela : tant pis pour eux !

Moi, je crois en Dieu et j'en suis content !

Toute la journée et une partie de la nuit se passent en chemin de fer. Nous n'arrivons à Orange qu'à une heure du matin. La cour du quartier est encombrée de chevaux et de mulets. Les chambres sont remplies d'hommes couchant sur la paille. Comme c'est le centre de la mobilisation, dix trompettes sonnent à la fois les refrains différents de chaque escadron pour appeler les sous-officiers ou les brigadiers de service ; c'est à ne plus s'y reconnaître.

Durant les trois jours que nous restons à Orange, nous faisons deux longues marches avec matériel de campagne pour nous initier aux étapes d'Afrique. Ce qui me frappe en ce pays, ce sont ses beaux ombrages de platanes et ses toits rouges ; le climat est moins sombre ; nous commençons à être au pays du soleil, et nous sommes déjà au pays des Romains qui ont laissé à Orange des ruines grandioses, un théâtre aux murs géants et un arc de triomphe. Une rivière large, sablonneuse, presque desséchée, donne déjà une idée des oueds africains.

Enfin, le 25 avril, notre compagnie entièrement formée et munie de tout son matériel, se dirige vers Marseille.

Nous passons à Avignon et je salue le château des Papes.

Arles nous montre ses jolies femmes au type grec, avec leurs ondoyants et légers corsages de dentelle. Puis le train approche de la Méditerranée ; nous traversons un pays aride et pierreux, plein de découpures droites et saillantes que l'on prendrait de loin pour des ruines. Ce sont les environs de la vieille cité phocéenne où nous arrivons à sept heures du soir. Sans nous arrêter un instant, nous traversons la ville et descendons au port. La mer est houleuse et se brise contre les jetées.

A dix heures, nos deux cents chevaux et mulets sont embarqués et le transatlantique *Mohammed-es-Sadock* lève l'ancre.

A six heures du matin, le lendemain, je sors des cabines réservées aux sous-officiers et je monte sur le pont. Là, sans transition, ayant encore les yeux appesantis par un profond sommeil, suite de la fatigue des journées précédentes, sans préparation aucune, sans presque m'y attendre, je me trouve au milieu de l'immensité bleue, au milieu du ciel et des flots qui m'entourent de toutes parts, sans bornes à l'infini. Ravi, je reste un moment muet, sous le coup d'un étonnement profond et d'une sorte de vertige d'admiration imprévue, enchanteresse.

Et le navire fend la mer, nous emportant là-bas!

Puis, une fois que le ravissement causé par la grandeur du spectacle, est un peu calmé, je sors comme d'un rêve et je pense à la France. Il est donc bien vrai que nous avons quitté la patrie! Nous n'avons pas éprouvé l'émotion que l'on ressent quand on voit disparaître peu à peu les côtes du pays, car, hier soir, au moment où le bateau se mettait en route, il faisait nuit et nous prenions notre premier repas à bord, en riant, en causant de ces événements précipités. Mais aujourd'hui que nous sommes en pleine route et que le calme s'est fait, la vision de la France vient éblouir les yeux et un serrement vient étreindre le cœur. C'est l'adieu au sol natal, à la famille. Puis une fois que ce devoir du souvenir, que ce serrement d'adieu est passé, oh! alors, avec quel enthousiasme l'âme s'élance vers l'embrassement d'une vie nouvelle, vers l'inconnu des voyages, cet inconnu qui m'inonde d'un charme mystérieux, d'un parfum aussi âcre et aussi enivrant que les senteurs de mer!

Je laisse errer mon imagination et je compose les quelques vers suivants :

— Le navire fendait le flot qui se retire;
Je montai sur le pont, car le plein air m'attire,
Et, là, l'immensité sur mon cœur pesa tant
Que, longuement sans voix en mon rêve restant,
Immobile et ravi, j'admirais en silence
La mer qui s'étendait sans fin dans l'opulence
Du saphir de ses flots miroitants à mes yeux.
Et le vaisseau courait, volait, glissait joyeux.
L'espace était tout clair. Les crêtes blanchissantes
Des vagues se jouaient coquettes, caressantes.
Tout n'était que rayon, mouvement et beauté.
Je ne voyais partout rien que l'immensité,
Immensité des eaux, immensité profonde
D'un azur infini qui rayonnait sur l'onde.
Le ciel semblait rêver et le soleil brillait,
Et la vague chantait et mon âme priait.
De lumière et de vie alors tout semblait ivre :
Mon Dieu, qu'à ce moment il était bon de vivre!

Mais, après la poésie de l'imagination, vient le tour de la réalité. Il faut descendre dans la cale pour faire boire les animaux avec des seaux de toile, opération longue et difficile au milieu d'une chaleur étouffante. Puis on remonte respirer la brise.

Ainsi, poésie du rêve et réalité du devoir s'entre-

... Sur leurs croupes arrondies ou sur leurs flancs anguleux, s'élèvent çà et là des points de blancheur éclatante : ce sont des tombeaux, des marabouts arabes (voir page 49)

-mêlent, et font passer rapidement les heures de la traversée.

Enfin, le 27 avril, à huit heures du matin, on nous annonce la terre. En effet, une ligne sombre et vague se dessine à l'horizon : c'est la côte d'Afrique, cette terre légendaire des combats épiques, des lions, des panthères, des plantes énormes débordantes de vie. Le navire approche. Au bout de plusieurs heures, la côte apparaît de plus en plus ; puis nous voyons distinctement les montagnes s'élevant par mamelons dès le bord du rivage comme si elles s'élançaient du milieu des flots pour sécher leur dos immense au beau ciel africain. Sur leurs croupes arrondies ou sur leurs flancs anguleux, s'élèvent çà et là des points de blancheur éclatante reflétant la lumière du soleil et que l'on aperçoit à une très grande distance : ce sont des tombeaux, des marabouts arabes.

A cinq heures, nous passons devant le grand rocher du Lion et nous entrons dans le plus vaste et le plus beau port de notre Algérie, le port de Bône, l'antique et célèbre Hippone.

II

EN ALGÉRIE

Aussitôt après avoir débarqué, nous formons notre camp dans un vaste terrain situé en dehors de la ville. Devant nous, la mer; à notre gauche, les murs de Bône; à notre droite, la Seybouse et les ruines d'Hippone couronnées par le tombeau de saint Augustin; derrière nous, des montagnes à pic qui nous cachent le ciel et nous écrasent par leur masse géante et sombre. Comme elles paraissent sauvages et mystérieuses ces montagnes! Je voudrais déjà les connaître et aller au delà.

Dès les premières heures passées sur la terre algérienne, nous faisons l'apprentissage des inconvénients de la vie de campagne; il pleut à torrents pendant toute la nuit; notre camp est inondé et nous couchons dans la boue. Le lendemain, le soleil ne se montre pas, la mer gronde, les nuées lourdes et noires s'appesantissent sur la montagne; les Arabes qui passent sont en guenilles, leurs chameaux sont tristes et sales : véritablement ces premières couleurs d'Afrique sont loin d'être illuminées par le soleil.

Je note ici rapidement notre passage en Algérie, je ne décris qu'en quelques traits cette contrée maintenant si connue ; mais je suis obligé d'en parler, car notre séjour dans cette belle colonie se rattache à notre campagne de Tunisie et en est comme le prélude.

Le 29 avril, nous nous mettons en route pour Souk-Ahras. Trois jours de marche. C'est d'abord l'embouchure de la Seybouse dont les ondes jaunâtres restent longtemps sans se mêler à l'azur de la Méditerranée ; puis le chemin se creuse au milieu d'une verdure intense et l'on pénètre dans une plaine de 20 kilomètres de vignes ondoyant au loin comme des vagues. Au bout de cette plaine se trouve le village de Mondovi où nous devons faire notre première étape. Demain nous entrerons dans les chaînes de l'Atlas.

La montagne ! Sur ses flancs se trouve Barral avec ses nombreux nids de cigognes, puis Duvivier que nous atteignons la nuit par une pluie battante. Une espèce de désarroi règne dans notre compagnie ; les hommes, tout nouvellement arrivés de France et inaccoutumés à ces longues marches, sont rompus de fatigue ; beaucoup, malgré leur bonne volonté, ne deviennent plus que des traînards et, aveuglés, alourdis par l'eau qui tombe, ne parviennent à l'étape que les uns derrière les autres. Plusieurs heures après, il en arrivait encore. Les chevaux eux-mêmes baissent l'oreille et Nadège, ma jument, semble humiliée du piteux état où elle se trouve.

Cette nuit-là nous couchons pêle-mêle sous des hangars en plein air. Le matin, l'on décampe après avoir à grand'peine rassemblé notre matériel enfoui dans la boue.

Quelques heures après, les nuages disparaissent et le soleil se montre, nous découvrant toute la splendeur du paysage. Partout ce ne sont que montagnes. Nous franchissons la sombre gorge de la Panthère, nous traversons les villages de Medjez-Sfa et de La Verdure. Enfin nous arrivons dans de beaux champs de vignes qui grimpent sur de vastes coteaux et nous apercevons Souk-Ahras à nos pieds. Nous traversons la longue rue centrale et construisons notre camp auprès du petit Bordj, sur la route de Kef.

C'est de là que notre compagnie doit rayonner pour ravitailler les camps des frontières tunisiennes. Nous touchons presque au pays de la tribu des Kroumirs.

Le 4 mai au matin, je suis désigné précipitamment avec deux autres sous-officiers, deux brigadiers et un trompette pour accompagner un convoi de munitions. Mais où allons-nous ? Personne ne nous le dit. La rue du grand Bordj est encombrée par deux cents mulets chargés de poudre et d'obus, conduits par deux cents Arabes réquisitionnés à cet effet. Ces Arabes crient d'une voix rauque et s'agitent dans leurs burnous en loques. Mais où doivent-ils aller ? Ils n'en savent rien non plus.

Je rencontre un capitaine d'état-major qui me demande où nous allons.

— Je n'en sais rien, mon capitaine ; on nous a simplement donné l'ordre de monter à cheval et de nous tenir prêts à partir, sans rien expliquer davantage.

— Je vais m'informer à la Place, me dit-il.

Au bout d'un quart d'heure, il revient :

— Vous allez à Ghardimaoû conduire le convoi de munitions.

— Mais, lui dis-je, nous sommes exposés à nous égarer dans la montagne où aucune route n'est encore tracée. Ni moi, ni mes camarades ne connaissons le pays.

— Je vais vous faire donner un guide.

Une demi-heure après, un goum au grand burnous bleu arrive : c'est lui qui va nous guider à travers ces contrées sauvages. Il se met à la tête de la colonne, et la cohue des Arabes s'ébranle. Nous partons. Un vétérinaire, désigné pour rejoindre le camp de Ghardimaoû, se joint à notre troupe. Nous sommes sept cavaliers français. Sept, pour traverser 90 kilomètres de pays ennemis avec la responsabilité d'un convoi de poudre confié à deux cents muletiers arabes ! Je ne veux pas juger l'autorité militaire supérieure, mais c'était une grave imprudence. Cependant le danger, que j'entrevois maintenant à tête reposée, ne nous apparut pas alors.

Nous nous mettons en route gaiement, surveillant cette colonne indigène, heureux de l'étrangeté de ce spectacle et enthousiasmés de parcourir des pays nouveaux.

Le vétérinaire, à côté de qui je chevauche, me fait remarquer la belle conformation des jambes nues de nos Arabes ; il admire leur force et leur souplesse. « Cela vient, dit-il, de ce que la nature aime la liberté dans tous ses développements ; ces jambes ne seraient pas si vigoureuses et si bien faites, si elles étaient emprisonnées et serrées comme les nôtres. »

La contrée que nous traversons est sauvagement belle. Il n'y a pas encore de routes, mais des sentiers à peine tracés par l'Arabe ; des gorges profondes et couvertes de hautes broussailles ; des ravins sombres et silencieux que l'on monte et descend tour à tour.

A quelques kilomètres de Souk-Ahras, la Medjerdah prend sa source dans une vallée étroite et mystérieuse sous d'épais ombrages. On y respire toute l'étrange horreur des forêts désertes et l'on devine que le lion doit venir se rafraîchir à ces ondes solitaires.

Un peu plus loin, la verdure disparaît complètement et une montée nue, aride, brûlée par le soleil se dresse presque à pic devant nous. Il la faut gravir et nos chevaux soufflent sous une chaleur accablante.

En haut se trouvent quelques gourbis arabes, construits au milieu de plusieurs ruines romaines probablement dépendantes de l'antique Thagaste. Les indigènes nous offrent du lait que nous acceptons d'autant plus volontiers que nous n'avons fait aucune provision avant de partir, oubli que nous devions payer cher, et pourtant oubli pardonnable à cause de la précipitation des ordres de notre départ et de notre ignorance du nombre des jours de route.

Après quelques kilomètres dans un pays pierreux, l'aspect du paysage devient un peu moins monotone. De gracieuses collines s'arrondissent et, sur le sommet de l'une d'elles, s'élève une construction blanche et carrée. C'est le bordj Brahim. Cette blancheur est ravissante au milieu des couleurs foncées de ces solitudes. Je quitte mes compagnons pour errer autour de ce bordj et le voir de près. Aucun habitant ne semble y vivre. En descendant la colline, je rencontre, accroupi dans une hutte, un vieil Arabe qui a peut être compris ma curiosité. Il étend le doigt et, sans bouger davantage, il me dit en français : « C'est ici la demeure de l'Arabe de la Montagne. » Je veux lui en demander plus long, mais il se tait. Ces mots

« l'Arabe de la Montagne » sont assez romanesques ; ils me font rêver.

Pendant ce temps, la colonne a continué sa marche. Je la rejoins au galop.

Arrivés sur une de ces collines, véritable ossature des géants de l'Atlas, un petit sentier bordé d'un précipice s'offre à nous. On ne peut y pénétrer qu'un à un pour descendre la côte. Nos deux cents Arabes avec leurs deux cents mulets s'y engagent les uns derrière les autres. La descente terminée, le même sentier remonte une autre colline d'égale hauteur, en sorte que arrivés sur le sommet de cette dernière, il est très pittoresque de contempler cette longue file de burnous se déroulant comme un serpent dont la queue glisse encore sur le haut de la première montée. On dirait un arc immense dont la corde pourrait être attachée sur le faîte des deux collines.

Puis nous montons à travers la brousse ; nous montons encore et, à six heures du soir, nous arrivons dans les nuages sur un plateau qui couronne la haute cime de Boumesram.

Dans la vallée, la chaleur était excessive ; sur ce sommet, il fait un froid glacial. Un douar y est établi, habité par la tribu guerrière des Oustetas. C'est là que nous campons. Nos muletiers mangent des figues dont ils ont fait provision. Quant à nous, nous achetons deux poulets dans le douar.

Ensuite, toujours curieux, je vais, accompagné du goum, visiter les gourbis. Les Oustetas me font asseoir sur des nattes, prennent place autour de moi, regardent mes armes et me montrent les leurs. Lorsque je les quitte, ils me donnent du beurre dans une écuelle de bois.

Le soir, nous allumons un grand feu autour duquel nous couchons, tandis que l'un de nous veille, le revolver au poing.

La nuit se passe froide, étoilée, tranquille.

A quatre heures du matin le camp est levé, les Arabes sont debout, nos chevaux sont sellés ; nous pénétrons sous une belle forêt de chênes-lièges.

Bientôt la frontière tunisienne est franchie. Nous sommes chez les Kroumirs. Le pays devient encore plus pittoresque que celui traversé la veille. Tout est calme et désert. Aucun ennemi ne donne signe d'existence. Seule, la nature offre quelque danger avec ses rochers, ses ravins, ses chemins impraticables.

Jusqu'à trois heures du soir, nous allons chevauchant par des descentes et des montées sans fin.

Tout à coup, en arrivant sur un sommet élevé, nous nous arrêtons net, sans rien dire, saisis par la même pensée d'admiration en face d'une sublime éclaircie, d'une splendide trouée, d'une échappée de vue magique.

A nos pieds, se déroule majestueusement la grande vallée de la Medjerdah, plaine de toute beauté, sillonnée par les ondes dorées du fleuve et bordée par deux longues chaînes de montagnes parallèles qui la suivent et s'en vont avec elle jusqu'à l'horizon.

Ne nous attendant à rien, nous sommes bien davantage frappés de la magnificence de ce spectacle et nous regardons longuement. C'est la Tunisie qui s'ouvre devant nous.

Les inattendus sont vraiment les traits de génie de la nature. Ils exaltent, ils ravissent.

En bas, apparaît le camp de Ghardimaoû, dans lequel

est retranché l'un des corps expéditionnaires. Il est imperceptible, lilliputien en face du cadre grandiose qui l'entoure.

Nous n'avons plus qu'à descendre et bientôt nous traversons à gué la Medjerdah, le fameux Bagradas antique, dont les flots coulent lentement au milieu des lauriers-roses.

Une heure après, nous avons remis notre convoi entier entre les mains de l'artillerie et nous sommes libres.

Ce camp de Ghardimaoû est très mal approvisionné ; il n'y a ni pain, ni farine en ce moment-ci, et nous, qui n'avons rien pris depuis hier soir, nous croquons du biscuit presque avec gourmandise.

Quelques mercantis juifs et italiens se sont établis dans le camp, mais, profitant de notre pénurie, ils vendent leur pain et leur vin si cher que presque aucun soldat ne peut s'en procurer. Plusieurs artilleurs, furieux de cette rapacité israélite, leur défoncent un tonneau, remplissent des bidons et laissent couler le reste du vin. Les juifs vont se plaindre au commandant qui, n'étant pas mieux disposé à leur égard en ces circonstances, les fait expulser du camp.

A Ghardimaoû, je rencontre un détachement de mon escadron. Un de mes camarades me raconte la mort de deux hommes et d'un de nos brigadiers. C'est tragique. L'avant-veille, une colonne était partie en reconnaissance, et, le soir venu, elle s'était arrêtée pour camper et passer la nuit dans la forêt. Le brigadier et deux hommes s'étaient éloignés à quelques mètres afin de ramasser du bois pour faire le café avant le départ du lendemain matin. Il pleuvait. Les Arabes, rampant sans bruit dans la broussaille, les assaillirent soudainement. Les imprudents Français avaient entouré la culasse mobile de leur carabine avec des chiffons, pour qu'elle ne fût pas rouillée par la pluie ; ils ne purent se servir à temps de leurs armes, et furent massacrés avec tant de rapidité que ce drame ne fut pas entendu du camp. Le lendemain matin, on retrouva les corps de ces malheureux entièrement dépouillés de leurs vêtements ; les Arabes n'avaient laissé que sa pipe auprès du brigadier !...

Cette aventure nous remue le sang, et nous sommes disposés à ne pas faire grâce à ces barbares ennemis.

A la nuit tombante, le commandant du camp fait avertir tout le monde de se tenir sur ses gardes, car l'on craint une attaque ; les Kroumirs sont signalés dans les environs. Au loin, on voit des feux errer sur les flancs de la montagne. Malgré cela, je dors d'un profond sommeil et nous ne sommes pas encore attaqués cette fois-ci.

Dès la pointe du jour, nous sellons nos chevaux et nous nous disposons à regagner Souk-Ahras, seuls, tous les six avec notre goum, car le vétérinaire et nos Arabes restent à Ghardimaoû.

Nous nous mettons joyeusement en route, quoique n'ayant même pas pris un demi-quart de café, tant la disette est grande.

Au bout d'une heure, notre gaieté n'est plus si gaillarde. Pendant que nous gravissons les pics abrupts, le temps se couvre, une pluie torrentielle commence à tomber pour durer toute la journée avec la même violence. Bientôt nos manteaux sont traversés et nous ne conservons plus rien de sec sur le corps. Les couvre-pieds, les

Gourbis arabe.

toiles de tentes et les porte-manteaux sur nos selles, les effets dans nos sacoches et dans nos bissacs, tout est rempli d'eau.

Nous avançons toujours, et la pluie, nous fouettant la figure, nous empêche de distinguer les ravins qui bordent le chemin. Nous nous confions en l'instinct de nos chevaux et les laissons aller. J'ai tellement froid aux mains que je ne sens plus les rênes de ma Nadèje.

A quatre heures, nous sommes sur le sommet de Boumesram, notre étape de la veille. Nous ne nous arrêtons pas, car comment camper dans un déluge semblable? Sous la tempête qui coupe nos paroles, on se décide à marcher jusqu'à ce que la pluie cesse ou que la nuit nous surprenne. C'est ce qui arrive. Aussitôt que les ténèbres nous empêchent d'avancer plus loin, nous descendons de cheval dans une petite vallée qui doit être bien délicieuse en temps ordinaire, et qui, aujourd'hui, est horrible. Il nous est impossible de construire nos tentes, enlevées à chaque instant par le vent, car les piquets qui devraient les retenir ne peuvent être enfoncés dans le sol détrempé. Nos pauvres chevaux tremblent, ils ont froid et, comme nous, ils n'ont rien mangé. Nous les tenons par la bride et restons là, sous l'eau qui tombe, perdus dans ces lieux inconnus, ne pouvant bouger, par cette nuit noire, sans risquer de nous égarer.

Notre goum finit par découvrir aux environs quelques gourbis; mais les Arabes ne veulent pas nous y abriter à cause de leurs femmes qui devraient alors disparaître. Ils nous vendent un mouton vivant pour la somme de six francs. Ce n'est pas cher! Le tuer et le dépouiller n'est que l'affaire d'un instant. Ne pouvant allumer du feu à cause des torrents qui ne cessent de découler du ciel, nous mangeons notre mouton cru et, affamés, nous nous régalons. Cette nourriture nous donne quelques forces mais n'enlève pas l'espèce de tristesse qui s'appesantit sur le cœur lorsqu'on se trouve dans une position que l'on ne peut combattre et dans laquelle il n'y a rien à faire.

Il faut baisser la tête et se laisser mouiller! L'averse ne discontinue pas.

Il est impossible de décrire cette nuit glaciale et cruelle passée sans abri dans l'eau pénétrante.

Je me souviendrai toujours de cette vallée où six hommes, la bride au bras, transis de froid, attendaient sous la pluie que le soleil reparût.

Elle fut bien longue cette nuit-là!

Enfin la pluie cesse avec le jour qui vient. Nous reprenons notre route. A huit heures, le soleil brille dans un ciel d'où tous les nuages sont balayés; ses rayons, venant nous réchauffer et nous sécher, nous causent tant de joie après tant de souffrance, que nous nous mettons à chanter.....

Dans l'après-midi, Souk-Ahras avec ses toits rouges nous apparaît dans les mamelons de la montagne. C'est le repos qui se montre, un repos de quelques jours qui va clore notre première marche sur le sol africain.

Souk-Ahras est bâtie sur les ruines de l'ancienne Tagaste; c'est là que sainte Monique donna le jour à saint Augustin. Grands et beaux souvenirs qui embaument tout cœur chrétien! Monique et Augustin ont vécu là, dans ces montagnes sévères, sous ce ciel étincelant. Là, le sang d'Augustin bouillonna de toutes les ardeurs des passions allumées sous le soleil d'Afrique et, là, Monique fut petite fille et devint la femme, la mère qui devait tant pleurer.

Monique et Augustin à Tagaste, quel tableau un peintre de génie pourrait composer pour faire le pendant de Monique et Augustin à Ostie, la calme et céleste peinture d'Ary Scheffer! C'est la plage d'Italie que Scheffer a peinte; Monique y est triomphante, elle ne tient plus à la terre, elle nage dans les régions supérieures; son corps est diaphane tant son âme est légère. Augustin plonge aussi ses yeux dans le ciel, mais on sent qu'il ne va pas mourir et qu'il lui reste à combattre.

La mer est bleue, le ciel est d'azur.

Monique plane : à elle le ciel! Augustin songe et entrevoit la divinité : à lui, les flots, l'Afrique et l'énergie de sa vie!

A Ostie, c'est une mère triomphante que l'on a peinte; à Tagaste, c'est une mère en larmes qu'il faudrait peindre.....

Notre camp, dont nous avons changé l'emplacement, se dresse sur une colline toute pelée. De là, on domine Souk-Ahras et l'on aperçoit le pittoresque et montagneux paysage environnant.

La chaleur, en ce moment-ci, est torride, accablante. Parfois, durant la nuit, le simoun souffle dans l'air embrasé. On pose alors les lèvres contre terre pour respirer un peu de fraîcheur, mais inutilement. L'atmosphère est ardente. Quand le simoun cesse, on est haletant, épuisé de soif. Toutes les nuits, les panthères, les hyènes et les chacals font retentir la montagne d'une harmonie sauvage qui a quelque chose de mystérieux et d'effrayant au milieu du calme nocturne. Les chacals surtout rôdent par bandes de plusieurs centaines et poussent la hardiesse jusqu'à traverser notre camp. On voit souvent des fantômes fugitifs se dessiner sur nos toiles de tentes et disparaître aussitôt : ce sont les chacals à la recherche d'une proie. Leurs cris sont incessants et plaintifs ; on dirait des milliers d'enfants pleurant et gémissant dans la nuit. C'est un vacarme qui ne cesse qu'au lever de l'aurore.

Le 18 juin, je suis désigné pour conduire à Bône dix Kroumirs prisonniers. Ce sont des otages importants et, après les avoir tous attachés avec des cordes à fourrage, je leur fais entendre que, si un seul d'entre eux cherche à s'échapper, je les fais tous fusiller sur-le-champ. Ils baissent la tête sous la fatalité et marchent en silence. Six jours pour aller et revenir. A Bône, je me rafraîchis aux brises et aux ondes de la mer, puis je reviens aux chaleurs étouffantes de Souk-Ahras ; mais ce n'est pas pour longtemps, car, le 10 juillet suivant, notre compagnie reçoit l'ordre de décamper pour regagner Bône. Quel est le secret de ces marches et contremarches ? Je l'ignore. En tout cas, je suis enchanté de retourner auprès de ces rivages que je n'ai qu'entrevus et qui m'ont semblé si délicieux.

Nous voyageons après le coucher du soleil à cause de la chaleur tropicale du jour. Le ciel est étoilé. Ces marches de nuit à travers les ombres géantes des montagnes ont quelque chose de fantastique.

Enfin nous sommes à Bône la jolie, à Bône la coquette. Notre camp se dresse auprès de la porte des Caroubiers, sur un rocher à pic dominant la mer. J'ai rarement vu un endroit plus majestueux en ses perspectives de mer et de montagnes. Là sont réunies toutes les plantes africaines : cactus, aloès, caroubiers, grenadiers. Couchés dans nos tentes, nous pouvons jouir de l'étendue miroitante des flots ; nous dominons ce port, le plus vaste de l'Algérie, et nous voyons passer à nos pieds tous les navires en arrivée ou en partance.

Bône s'est maintenant transformée en une ville presque tout européenne. On y remarque de beaux hôtels, de brillants bazars, de grands cafés aux arcades pleines d'ombrages. Le Cours National commence au port où les navires abordent à quai, et se termine, par une large avenue de platanes et de palmiers, en face de l'église catholique d'une construction très originale. Il n'y a plus ici d'oriental que la grande Mosquée avec ses arabesques, ses portiques, son minaret et ses nids de cigognes.

Le site de Bône est ravissant. Il se trouve au milieu d'un décor splendide de mer et de montagnes.

Une plaine étroite, prolongement des pieds du noir Atlas, s'étale, se terminant en rives d'or baignées de flots bleus. C'est là qu'un jour, rêveuse et poétique, Hippone s'est assise. Depuis lors, elle a vu bien des catastrophes et bien des grandeurs ; elle a vu les Arabes et les Vandales, mais elle a vu aussi saint Augustin et le drapeau de France. Et elle a toujours vécu au milieu de ses ruines entre la mer qui la caresse et les monts qui la surplombent comme des murailles titanesques dont la masse écrasante se perd dans les nues.

Si l'imagination est enthousiasmée, le cœur aussi s'exalte à Bône : je parle du cœur chrétien. Après avoir traversé la Seybouse, on rencontre une colline ombragée d'oliviers : sur ses flancs sont des ruines ; au-dessus, est le tombeau de saint Augustin. Tout ici est solitaire et silencieux ; on n'entend, dans ce grand recueillement de la nature, que le vaste murmure de la mer.

Le monument de l'illustre évêque d'Hippone se compose d'un autel de marbre en plein air, entouré d'une grille et surmonté d'une statue de bronze. Augustin est tourné vers le rivage et ses yeux semblent plonger dans l'immensité de l'espace, image de cette autre immensité divine où plongea tant son génie.

On prie bien sous les ombrages d'Hippone et l'on est heureux de rêver sur ces ruines immortelles.

J'y compose la poésie suivante :

LE TOMBEAU DE SAINT AUGUSTIN
SUR LES RUINES D'HIPPONE

Couverte d'oliviers, de silence et de rêve,
S'élève une colline auprès de cette grève
Où Rome, sans arrêt éployant son essor,
Sur le sol africain planta ses aigles d'or.
Là, grandit une ville au soleil de l'Histoire :
On la nommait Hyppone ; Augustin fut sa gloire....
... Puis les siècles ont fui ; d'Hyppone les malheurs
En ont fait un amas de ruines en pleurs....
Sur ces débris croulants, au flanc de la colline
Où sous le vent de mer l'olivier vert s'incline,
De l'Évêque d'Hyppone on voit, là, s'élever
Le Tombeau près duquel le cœur aime rêver.
Tout est silencieux ; la voix de la nature
Seule s'y fait entendre en un vague murmure ;
Et tandis qu'au sommet l'aloës va fleurir,
Sur la grève d'en bas les flots viennent mourir.
Les chrétiens trop souvent délaissent solitaires
Ces lieux où rôdent seuls les chacals, les panthères
Cherchant leur nourriture où l'homme ne vient plus.
Mais qu'importe l'oubli, les honneurs superflus !
Augustin dort. Sa tombe est couverte de mousse ;
Tranquille est son sommeil : la solitude est douce !

Le tombeau de saint Augustin sur les ruines d'Hippone (voir page 36).

Sur un autel de marbre, en plein vent, en plein air,
Dominant l'horizon, fixant au loin la mer,
S'élève la statue en bronze du grand homme
Dont la vaste science a tant ébloui Rome
Et qui devint plus grand par son humilité.
Comme il paraît rêveur devant l'immensité,
L'immensité sublime, image du génie,
L'immensité des flots dont la douce harmonie
L'entoure ! L'on dirait que son génie en feu
Va resplendir encore en parlant de son Dieu.
Oh ! qu'il est grand parmi ce calme et ce silence !
Il rêve et son regard vers l'infini s'élance.
Il songe ! et, de sa main, semble vouloir encor
Retracer à grands traits ces belles pages d'or,
Ces pages qu'un Dieu seul au noble cœur inspire.
Il pense ! On le contemple.... on croit l'entendre dire :
» Mon Dieu, j'avais erré, vous m'avez pardonné !
» Au milieu de la fange étant abandonné,
» Je consacrais ma vie à d'impures idoles,
» Je roulais dans les flots de passions bien folles.
» J'étais perdu; mon cœur ne croyait plus à rien,
» Et vous m'avez sauvé, vous m'avez fait chrétien !...
» Oh ! merci ! mon Seigneur, je vous aime et mon âme
» Devant tant de bonté toute entière s'enflamme.
» Merci ! je vous adore ! » — Et cette voix en moi
Déployait tout un ciel de pardon dans la Foi.
Tout ce qui m'entourait se changeait en prière,
Tout vibrait en chantant dans la nature entière.
Je songeais, je priais, je regardais sans voir,
J'étais ému, pensif; et la brise du soir,
Douce brise arrivée avec l'ombre en la nue,
Seule vint m'avertir que l'heure était venue
Au camp de retourner; tandis qu'un doux rayon
En chemin me suivit, comme une vision
Qui tout près voltigeait, légère comme une aile,
Et disait : « La Vertu seule reste éternelle !
» Où serait Augustin s'il n'eut été vainqueur
» De lui-même, et vers Dieu s'il n'eut tourné son cœur ?
» Hélas ! Ce grand génie éloquent et sublime
» Fut venu naufrager dans l'ombre de l'abîme.
» Mais il embrassa Dieu son lumineux soutien,
» Alors il devint grand parce qu'il fut chrétien. »

Le 13 septembre, m'amusant à regarder, du haut de notre camp, les nombreux marsouins qui plongent, replongent et se jouent gracieusement dans l'onde calme et unie du golfe, je suis tout à coup désigné pour aller prendre le commandement du détachement des forêts de l'Ouider et, dès le lendemain matin, à cinq heures, je me mets en route avec deux brigadiers. Nous sommes destinés à remplacer le cadre de ce détachement dont la compagnie a reçu une autre destination.

Il nous faut parcourir, dans cette seule journée, 65 kilomètres à travers des montagnes couvertes de grandes forêts de chênes-lièges, sombres, désertes et sauvages.

Mais trois cavaliers, seuls, marchent vite; et nous nous en allons gaiement parmi ces sites inconnus.

Aussitôt en quittant Bône, nous commençons à gravir le mont Lydou : et la ville, à mesure que nous nous élevons, devient de plus en plus petite à nos yeux, tandis que la mer élargit davantage son lointain horizon. Sur le sommet du mont, à neuf cents mètres d'élévation, nous nous reposons au joli petit village de Bugeaud qui se cache là comme un nid d'aigle.

Durant quatre heures, nous suivons ensuite une route en corniche sur le flanc d'une chaîne ininterrompue de hautes montagnes : à gauche, des rochers à pic; à droite et en bas, bien au-dessous de nous, la mer avec ses échappées ondoyantes à travers les éclaircies de grands arbres. Toujours la mer! la mer qui se pare de tous les feux du soleil et nous inonde d'un torrent d'étincelles pour séduire nos regards, comme si elle était jalouse des beautés de la montagne.

C'est féerique. Nous chevauchons sans rien dire.

Non loin du cap de Fer, le chemin tourne brusquement. Une source sort du rocher, en un bosquet plein de fraîcheur, toujours devant l'espace bleu. Nous mettons pied à terre pour faire boire et manger nos chevaux.

Quittant alors la côte, nous nous enfonçons dans les bois et longtemps, longtemps nous suivons un chemin à peine tracé sous les solennelles travées des arbres séculaires. Il ne manque plus qu'un lion ou une panthère pour compléter ce tableau des sites africains. Ces animaux sont nombreux dans ces parages dont les échos retentissent parfois de leurs cris terribles.

A six heures du soir, nous débouchons au village perdu d'Aïn-Barbarh et, une heure après, nous avons atteint l'Ouïder, ferme située en pleine forêt.

Tous les ans, pendant les chaleurs tropicales de l'été, on envoie ainsi des détachements pour surveiller les incendies assez fréquents parmi ces vastes forêts. C'est donc un de ces détachements que je viens commander à l'Ouïder. Ma troupe, se composant de trente-deux hommes, est répartie en trois camps situés à 15 kilomètres de l'Ouïder et espacés entre eux de 4 kilomètres. Ces camps se nomment Sidi-Boudissah, Zoubiah et Em-Zarah : chacun est sous la surveillance d'un brigadier. Les hommes se sont construit des gourbis en écorce de chêne-liège et ils campent, comme les sauvages sous leurs huttes, dans ces déserts des forêts.

Chaque jour je monte à cheval, et, accompagné d'un garde arabe, je m'en vais visiter mes camps. A chaque pas, ce sont des imprévus d'une nature magnifique ; plus on avance, plus les bois semblent s'enfoncer en se déployant sans fin sur les flancs des montagnes et des vallées. Çà et là, au fond d'un ravin, sous la broussaille, coule une source d'eau limpide près de laquelle l'Arabe n'oublie pas d'attacher une petite tasse en liège afin que le voyageur égaré puisse boire là où viennent aussi se désaltérer les bêtes féroces.

Ces courses m'enthousiasment; je laisse errer mes pensées au trot de mon cheval; il me semble que je suis plus grand : mon âme s'envole dans l'infini; on pense mieux à Dieu au milieu de ces sublimes solitudes.

Autour de moi semble régner un danger inconnu, mystérieux, que l'on s'attend à rencontrer dans chaque escarpement ou dans chaque détour d'un sentier. Le cheval lui-même dresse ses oreilles inquiètes et écoute dans le silence.

On se sent si loin du monde qu'il semble ne plus exister; il n'y a plus que la nature et Dieu. L'air est tranquille et l'on respire un je ne sais quoi qui vous remplit le cœur d'une émotion étrange.

Et lorsque, après une pareille journée de poésie grandiose et solitaire, je reviens, le soir, me mettre à table à l'Ouïder, mon esprit surexcité, émerveillé, erre encore dans la forêt. Puis, avant de me coucher, je reste longtemps à ma fenêtre à écouter toutes les voix de ces solitudes. Les étoiles palpitent à travers les arbres; au milieu du calme mystérieux des ténèbres, passe et plane la brise des forêts, comme un murmure immense. Par moment, s'élève le concert infernal des chacals et des hyènes glapissant tous ensemble. Mais, tout à coup, le lion se fait entendre à son tour; alors, tout se tait autour de lui; deux ou trois fois dans la nuit il rugit, les échos de la montagne répètent le rugissement de ce roi : la nature semble trembler. Le cri du lion est terrible ; dans ces déserts, il est épouvantable. Et, lorsque le dernier écho s'est dissipé à l'horizon lointain, le calme devient plus profond dans le silence effrayé.

Oh ! ces nuits sont solennelles. Ma mémoire en conservera le souvenir.

Mais cette vie libre et aventureuse des forêts, à peine commencée, allait bientôt être terminée. En effet, quelques jours après, je reçois soudain l'ordre de partir avec mon détachement, pour rejoindre ma compagnie à Bône.

Aussitôt, j'adresse une note aux hommes de mes trois camps, qui se rassemblent, et viennent me rejoindre à l'Ouïder.

Je fais réquisitionner dans les douars six Arabes avec des mulets pour porter nos bagages, et nous nous mettons en route.

De nouveau, nous suivons le chemin aux brillantes échappées de mer, chemin déjà parcouru il n'y a que quelques jours.

Avec moi, j'emmène un Arabe pour le mettre en prison à Bône. Cet indigène a fait le récalcitrant, et m'a menti lorsque je voulais réquisitionner son mulet.

Mais, voici qu'en route, nous rencontrons un spahi qui nous annonce notre rentrée en France, raison pour laquelle on nous a si précipitamment rappelés de l'Ouïder.

Revoir la France ! ce mot est magique.

Quoiqu'il n'y ait pas encore longtemps que nous soyons en Afrique, et malgré la vie libre de ces vastes contrées, notre cœur déborde à la pensée de revoir le sol de France. Oh ! oui, la France est bien aimée de tout Français, son nom est une joie et un ravissement.

A cette nouvelle, tous, regardant la Méditerranée, lèvent les képis en l'air, et crient : Vive la France !

De longs kilomètres restent à parcourir, mais la fatigue n'est rien, et l'on avance gaiement.

Comme don de joyeux retour, je rends la liberté à mon Arabe prisonnier, qui me remercie en mettant onctueusement la main sur sa bouche et sur son cœur, et en regardant le ciel ; puis il disparaît dans les bois.

Nous marchons encore à la chute du jour. La montagne s'enveloppe peu à peu de ténèbres ; les bêtes féroces hurlent partout dans la nuit. J'avance presque avec recueillement, écoutant les sauvages concerts de cette Afrique que je croyais déjà quitter.

A dix heures du soir, nous atteignons Bône. Là, on nous apprend que notre compagnie est embarquée, et que le navire a levé l'ancre depuis deux heures. Il nous faut donc attendre le prochain bateau pour partir à notre tour.

Le 27 septembre, nous embarquons sur le vapeur *Abd-el-Kader*, qui relâche quelques heures à Philippeville.

Le 28, en pleine mer, la journée est tout étincelante.

Le 29, à dix heures du matin, nous apercevons Notre-Dame de la Garde ; nous passons près du château d'If et des îles de Monte-Cristo, et, à midi, nous posons le pied sur la terre de France.

Nous nous dirigeons aussitôt avec nos chevaux et nos bagages, afin de prendre le chemin de fer pour Montauban. A ce moment, une dépêche arrive, et un colonel d'état-major vient au galop nous donner contre-ordre, et nous avertir de nous diriger vers Orange où nous devons reformer une autre compagnie pour repartir en Afrique.

Nous voici donc en route pour Orange, où nous parvenons à minuit. Notre compagnie vient aussi d'y arriver, après s'être allée promener jusqu'à Montauban.

Tout l'infernal remue-ménage d'une nouvelle mobilisation recommence. Les hommes qui doivent partir volent à ceux qui restent des couvertures, des bidons, des parties de harnachement, afin d'être mieux montés pour une nouvelle campagne ; ceux-ci tâchent de se remettre en possession de leur bien. Ce n'est qu'un long vol qui fait le tour de la caserne. Les volés essayent de revoler pour que rien ne manque à leur fourniment. Quelle vie ! quel tapage ! quels cris ! quel ahurissement !

Pendant la nuit, de nombreux mulets et chevaux, campés dans la cour, se détachent des cordes malgré les gardes d'écurie et vont se mêler aux mulets des autres compagnies. Le matin, les conducteurs, ne connaissant pas encore bien leurs nouveaux animaux, ne peuvent plus les retrouver. C'est un désordre continuel : le capitaine en perd la tête, il la fait perdre à l'adjudant et celui-ci aux autres sous-officiers.

Enfin, peu à peu, ce premier bouleversement cesse et l'ordre se rétablit.

Le 5 octobre, nous disons adieu à nos camarades et nous reprenons la direction de Marseille où nous embarquons sur le paquebot *l'Alsace* qui appareille à dix heures du soir. C'est donc encore pendant la nuit que nous quittons pour la seconde fois cette chère France où nous ne sommes restés que trois jours.

III

EN TUNISIE. — ARRIVÉE A SOUSSE

Le 8 octobre, à trois heures du soir, le navire approche de la côte et nous apercevons au loin la ville de Sousse. C'est l'Orient qui apparaît avec cette blanche cité jetée comme un tapis de neige au milieu des sables jaunes et des oliviers verts de la plage africaine. Pourquoi essayer de dire encore mes pensées ? L'inconnu d'un pays étrange se dresse devant mes yeux.

Pendant que mon imagination devance le bateau, celui-ci marche toujours et jette l'ancre à un kilomètre du rivage. Ces villes barbaresques n'ont pas de port : il faut s'arrêter en mer et attendre que des barques, conduites par des Arabes, viennent débarquer passagers et marchandises.

Du haut du pont, l'on jouit merveilleusement du panorama de cette ville essentiellement arabe, entourée de hautes murailles crénelées, formant un vaste carré bien ciselé qui s'étend en pente sur le rivage. La Casbah, au-dessus de laquelle flotte le drapeau français, occupe le côté le plus élevé du carré et sa haute tour domine un large horizon.

Cependant il est trop tard pour commencer le débarquement des deux cents chevaux et mulets qui sont à bord, et nous devons attendre jusqu'au lendemain matin.

La nuit tombe, plus rien à faire à cette heure, les repas des hommes et des chevaux sont terminés : nous n'avons plus qu'à nous reposer en dormant ou en rêvant. Or, il y a de quoi rêver sur le pont silencieux d'un navire, à quelques centaines de mètres d'un rivage ennemi où l'on va descendre demain. Mais le Français n'est pas homme à rêver bien longtemps. Les ailes de sa légère insouciance s'agitent au moindre souffle et emportent promptement sa pensée loin des choses sérieuses pour la faire voguer en des espaces plus riants et plus faciles à franchir. Pour le caractère du troupier français, le sérieux vient en seconde ligne : c'est la plaisanterie qui a le plus d'importance. Pour lui, l'avenir n'est rien : c'est le présent qui est tout. Or, en ce moment, le présent c'est la mer calme qui semble s'endormir, c'est une brise marine si imperceptible qu'elle n'agite même pas les cordages, c'est le « ne rien faire » si agréable, le farniente pendant lequel le soldat n'a plus qu'à fumer sa pipe, ce sont les étoiles qui s'allument au ciel, c'est enfin un silence mystérieux qui plane dans l'immensité. Ce silence est trop monotone pour le Français : il fait songer au bruit. Si le bruit existait, on y penserait moins ; mais cette absence totale de tout bruit fait précisément penser à lui. Aussi, bientôt une voix s'élève : « Si l'on chantait ? » dit-elle, et comme une traînée de poudre, cent autres voix redisent : « Allons, chantons ! » Aussitôt, officiers et soldats se mêlent sur le pont ; des groupes se forment, la fumée des pipes et des cigares se croise, des rires éclatent, des plaisanteries préparatoires s'échappent, et, peu à peu, chacun commençant à se taire, les plus loustics et les plus artistes font entendre nos belles chansons de France sous ce ciel étranger. Ce sont des chansons à boire, quoiqu'il n'y ait ni vin ni bière ; ce sont des chansons d'amour quoiqu'il n'y ait pas de fiancées pour les entendre ; ce sont des chansons patriotiques, quoique la patrie soit absente. Et puis les chœurs répondent à pleins poumons, à pleine joie insouciante, tantôt ce refrain : « C'est à boire, à boire qu'il nous faut ; » tantôt cet autre : « Le rossignol, mignonne, n'a pas encore chanté... » Or, pour toutes mignonnes, on a les étoiles qui là-haut scintillent et sourient.

La nuit est complètement tombée et, avec elle, le calme silence semble s'étendre plus profondément dans les airs, ce qui donne à nos chants plus de sonorité et les fait s'envoler plus loin sur la plage et sur les flots.

Quelle soirée nous passons en chantant ainsi, à la veille de débarquer et d'aller chanter aux Arabes une chanson qui a aussi ses harmonies, la chanson de la poudre !

La lune se lève, éclairant la mer comme une nappe de feu et répandant une lueur mystérieuse sur les blanches terrasses de la ville en amphithéâtre, sur la Casbah, sur le minarets, et sur la côte qui paraît s'enfuir et se prolonger dans des formes indécises à travers un voile d'inconnu.

Véritablement, sur ces planches resserrées d'un bateau, parmi ces chants, à cette heure, en ce lieu, cette soirée prend un caractère fantastique qui émeut.

Vers minuit, une brise fraîche commence à souffler ; la mer nous berce voluptueusement, les chants cessent et chacun va prendre quelques heures de repos.

Pendant notre sommeil, le temps s'est couvert et, à cinq heures du matin, la pluie commence à tomber pour durer toute la journée. Nous procédons quand même au débarquement que rien ne peut ni ne doit empêcher. Les chevaux, suspendus à des câbles, passent du navire dans de grands chalands à voiles qui doivent les descendre à la jetée. Cette opération ne se fait pas sans mal et sans danger ; elle ne se termine que le soir assez tard.

En ce moment, les environs de la ville sont encombrés de troupes, car c'est là que la 4ᵉ brigade expéditionnaire se rassemble pour partir dans quelques jours concourir à la prise de Kairouan.

L'emplacement de notre camp se trouve parmi les oliviers, près de deux grosses masses cimentées de ruines romaines qui, depuis bien des siècles, n'ont jamais vu, sans doute, tant de troupes assemblées. Pour arriver là, on suit une route montante et pleine de fondrières, qui côtoie les remparts et est bordée de tombeaux.

En chevauchant sous ces murailles crénelées, au milieu de ces tombeaux musulmans, auprès des cactus et des figuiers, je reconnais l'exactitude de certaines belles peintures qui ont popularisé le souvenir des guerriers des croisades, campant sous les murs de Damiette, d'Ascalon, de Saint-Jean-d'Acre ou de Jérusalem.

Sousse est la ville tunisienne qui m'a le mieux représenté les villes orientales telles que mon imagination les voyait toujours en rêve et que je les vois maintenant en réalité. Là, auprès de ces blancs marabouts, en face la grande mer bleue, on sent que l'on est tout à fait sur une terre étrangère, rendue encore plus lointaine par l'abîme moral que creuse la différence totale des mœurs et de la religion.

Le soir de notre débarquement, le ciel s'assombrit de plus en plus, et la pluie, qui a été assez fine toute la journée, devient torrentielle. Presque tout le matériel est resté à bord et ne doit être débarqué que le jour suivant. Par un oubli inexplicable dans les mesures et les ordres de notre capitaine, nous n'avons même pas nos toiles de tentes et nous sommes obligés de chercher un abri où nous pouvons. Pour moi, j'étends une bâche sur quatre balles de foin mises en carré et je me couche dessous en partageant mon refuge avec deux autres camarades. Nous nous y trouvons si bien et, après notre fatigue de la journée, nous nous endormons d'un si profond sommeil que, le lendemain matin, nous n'entendons pas sonner le réveil, et le capitaine, qui a besoin de nous, nous cherche sans pouvoir nous découvrir. C'est un mulet qui, échappé de la corde et venant manger du foin, manque de nous écraser et nous fait promptement lever.

Les jours suivants, le ciel persiste à être nuageux. Les Arabes, se glissant parmi les oliviers, viennent sans cesse nous attaquer; les balles tombent dans nos camps; nous n'avons pas un instant de repos; on fait au trot la soupe que l'on mange au galop, puis l'on reprend son service, et ce manège dure jusqu'au départ de notre colonne pour Kairouan. Ces Arabes sont infatigables dans leurs attaques et dans leur haine. Nous en tuons quelques-uns et, nous emparant de leurs cadavres, nous les exposons nus et percés de balles, aux portes de Sousse, pendant une journée entière. Ce spectacle sanglant est un exemple nécessaire, car l'Arabe ne peut être soumis par la douceur : il ne plie que sous la force brutale qu'il appelle fatale et qui n'est que victorieuse. L'Arabe dédaignera toujours notre manière de châtier, si mesquine en Europe, tandis qu'il baisera les bottes de celui qui tient un sabre et sait s'en servir.

Jusqu'au 22 octobre, nous campons à Sousse, afin de compléter l'organisation de notre colonne de marche.

Nos travaux, nos gardes, notre service et les attaques incessantes des Arabes m'empêchent d'étudier cette ville qui, plus tard, alors que j'y reviendrai camper, me paraîtra si belle et si lumineuse en sa splendide robe blanche, dont les derniers replis baignent dans la mer azurée.

Pour le moment, nous sommes à la saison des pluies; adieu les teintes merveilleuses de l'Orient, car le soleil, roi des couleurs et roi de ces pays, se cache pour quelques semaines au fond d'un ciel triste, quoique l'air soit parfumé d'une odeur de printemps.

Du reste, Sousse est en complet désarroi; on dirait une ville qui vient d'être prise d'assaut. Rien n'est organisé; l'eau manque pour abreuver notre nombreuse cavalerie; les rues sont boueuses et désertes : on n'y rencontre presque pas d'Arabes, car beaucoup d'insurgés se sont enfuis dans la plaine, laissant leurs maisons closes; çà et là, cependant, un indigène, enveloppé dans son burnous, est assis à sa porte et vous regarde passer, les lèvres silencieuses et les regards perdus dans le vide. Les soucks ou bazars sont presque tous fermés; près de la porte de la Casbah, un soldat du bey tricote, tout en tenant son vieux fusil comme un manche à balai. Un palmier solitaire, s'élevant dans quelque coin, réjouit un peu les regards. Le silence et la tristesse s'exhalent de ces rues. On respire une atmosphère ennemie qui semble devoir vous suffoquer; des ruelles étroites s'entremêlent en des dédales inextricables où l'on se perd; enfin l'on arrive, à force de détours, aux portes qui se creusent en fer à cheval, sous les remparts, et l'on s'empresse de sortir, plein d'avidité de revoir le libre espace.

Autour de la ville, entre les murailles et nos camps, se trouvent les cimetières musulmans, amas de tombes à moitié défoncées, parmi lesquelles on voit les femmes venir en troupe pleurer et redire les vertus des morts. Assises en cercle, durant de longues heures, elles poussent parfois de petits cris plaintifs, tout en écartant leurs voiles pour mieux voir les roumis qui passent, et peut-être pour en être vues, et les rabaissant aussitôt, dès qu'elles font semblant de s'apercevoir qu'on les regarde. La vanité de la femme est partout la même, et les femmes arabes ne le cèdent pas sur ce point aux femmes européennes.

Un matin, devant un gourbi où un Slass vient de mourir, je suis témoin d'une réunion funèbre de musulmanes. Cette fois-ci, elles ne sont pas voilées. Toutes gémissent et pleurent en cadence ; une d'elles donne le signal, toutes se taisent; un nouveau signal, toutes recommencent. Ensemble elles s'arrachent les cheveux et s'égratignent la figure. J'en remarque cependant une qui, très belle et paraissant connaître sa beauté, fait aussi semblant de s'égratigner, mais sa peau reste intacte ; ses yeux seuls sont rouges à force de les frotter.

Je meurs d'envie de rire, en voyant ce spectacle forcé

Femme arabe.

et ces larmes commandées. Quelle différence avec les cérémonies sérieuses de notre religion catholique ! La mort n'y est pas un sujet de comédie, mais un sujet de vraies larmes allant se fondre dans sa consolante espérance du Ciel.

Pendant que les plus fanatiques insurgés nous attaquent sans cesse, d'autres Arabes, paisibles cultivateurs, viennent nous demander l'autorisation de labourer une terre qui se trouve près de nos camps. Leur manière de cultiver est curieuse. Des chameaux sont attelés avec des cordes à des charrues toutes primitives qui se composent d'un gros clou attaché au bout d'un long et fort manche de bois, tenu en l'air par un support, mais sans roues. Ils se mettent une dizaine d'Arabes avec autant de chameaux et de charrues pour labourer un terrain. Ils vont en tous sens, deçà, delà, sans ordre, presque en courant ; et l'on voit les charrues sillonner inégalement la terre pendant que les longs cous des chameaux sillonnent pittoresquement le ciel. En une heure, l'ouvrage est fait et l'Arabe se repose. Il est vrai de dire que cette terre fertile n'a besoin d'être remuée qu'à sa surface pour produire avec abondance. C'est ici la partie la plus riche de l'antique Bysacène, le grenier de l'Italie.

IV

LA MOUNIGA

Dès le premier jour de notre débarquement à Sousse, j'aperçus, sur le quai, deux Franciscains dont la robe de bure paraissait majestueuse et sévère au milieu de toutes les bariolures des costumes juifs et arabes. Ces religieux desservent la petite colonie catholique de la ville et, en les voyant, je sentis mon cœur de chrétien bondir de joie et de fierté : mon Dieu était donc adoré aussi avec son Christ sur ces rives musulmanes ! Ce qui vint ensuite me charmer, ce fut d'apercevoir la cornette blanche d'une Sœur de Saint-Vincent de Paul éployer ses ailes légères au milieu des rues arabes. Je ne fus pas longtemps sans apprendre l'histoire de cette religieuse qui, depuis quarante ans, exerce ici un véritable ministère de charité : elle tient une école et soigne les malades. C'est une petite vieille, alerte et douce, ayant sur ses traits ridés quelque chose de céleste et de paisible qui fait songer qu'il n'y a pas d'âge pour appartenir à l'éternel Fiancé, le Jésus du Paradis.

Pour les œuvres de bienfaisance, elle est le bras droit

et la coopératrice des deux Franciscains maltais qui desservent Sousse et toute la côte jusqu'à Mahédia.

Mais ce qui la rend chère aux Arabes, qui lui témoignent un grand respect, c'est qu'elle les soigne gratis et est toujours prête à leur premier appel. Ils viennent la chercher de dix lieues à la ronde et sœur Eugénie, prenant aussitôt sa petite pharmacie, monte sur son âne et s'en va dans les solitudes du désert porter les soins de sa science qui réside surtout dans la bonté, l'expérience et la délicatesse de son cœur chrétien.

Les Arabes et les Maltais la vénèrent profondément et ne l'appellent que du nom familier de la Mouniga.

Elle fut bien heureuse en voyant l'armée française débarquer à Sousse : il lui sembla retrouver une parcelle de la patrie, et il est inutile de dire avec quel dévouement elle soigna nos malades. Et nous, voulant lui conserver le titre fraternel sous lequel les habitants du pays la connaissent, nous ne la désignons aussi que par ce nom harmonieux : la Mouniga.

Il lui est arrivé autrefois une aventure que l'on raconte encore à Sousse. C'est une idylle étrange, digne de ces pays sauvages où le soleil laisse parfois pénétrer un de ses traits trop brûlants dans quelques cervelles facilement exaltées. Voici cette histoire :

Un jour, il y a vingt ans de cela, la Mouniga se dirigeait vers un douar de la plaine où elle savait que plusieurs femmes arabes étaient malades. Le soleil étincelait sur le désert silencieux ; le petit âne trottait gaiement dans les hautes herbes que la saison des grandes pluies avait soudain fait pousser ; un océan de verdure ondoyait en vagues de fleurs ; une brise parfumée glissait dans l'air. La Mouniga avançait au milieu de cette délicieuse solitude, laissant gracieusement voltiger sa cornette en deux ailes blanches sur le ciel bleu ; et cet agitement d'ailes donnait plus de légèreté à cet vision de femme qui semblait voler plus rapide vers le but de sa charité.

Tout à coup le petit âne s'arrêta devant un oued dont le lit large et sablonneux, très souvent desséché, servait aujourd'hui de passage à un torrent éphémère et impétueux que les pluies avaient fait naître et que le soleil, dans quelques jours, absorbera sous l'action puissante de ses rayons altérés.

Pour le moment, traverser cet Oued offrait de sérieuses difficultés. La Mouniga descendit de son âne et longea quelque temps la rive pour chercher un gué. Soudain, de derrière des buissons de lauriers-roses, sortirent plusieurs brigands arabes qui s'emparèrent de la Sœur, de son âne et de tout ce qu'elle portait.

Sœur Eugénie était alors dans toute la force quoiqu'un peu déclinante de l'âge et d'une beauté automnale qui n'avait d'égale qu'une profonde distinction puisée dans sa famille noble et riche. Cette distinction ne fit que se perfectionner au grandiose service de son Dieu, en sorte que la religieuse, tout en vieillissant, était toujours imposante et grande d'allure. Cette fierté française, jointe à sa charité, lui avait constamment attiré les respects et la sympathie des tribus nomades habitant sous la tente aussi bien que des populations indigènes de Sousse. Elle en imposa de même aux brigands inconnus qui venaient de la surprendre.

Ne trouvant sur elle ni or ni argent, mais tout étonnés

de sa petite pharmacie dont les fioles et les boîtes leur semblaient mystérieuses, les pirates du désert se dirent qu'il y avait peut-être un grand profit à faire en épargnant cette Européenne qui devait être une femme bien extraordinaire puisqu'elle avait le courage de voyager ainsi, seule, dans ces pays lointains.

Leur chef, nommé Ismaïl, la fit remonter sur son âne, et la petite caravane se dirigea vers la tribu des Souassis dont le centre est à El-Djem, l'antique Thysdrus romaine, là où subsistent les ruines superbes et bien conservées d'immenses arènes, le Colisée africain.

Ismaïl, malgré son intention de conserver saine et sauve sa prisonnière, ne put s'empêcher, durant la route, d'obéir à son instinct brutal : plusieurs fois, tout en frappant l'âne avec la crosse de son moukala pour hâter la marche, il frappa aussi la Mouniga. Mais elle, quoique sentant son noble sang se révolter sous l'outrage, ne répondait rien, ne laissait échapper aucune plainte ; elle comprenait que le dédain était le mieux ; ou plutôt, non, ce n'était pas du dédain que cette âme forte témoignait : c'était un sentiment de pardon qui animait son grand cœur de femme et de religieuse.

Et la marche continua ainsi de longues heures ; on campa, le soir, sous un de ces clairs de lune qui rendent les nuits africaines si lumineuses, si idéalement transparentes. La lune est reine dans ces espaces du désert sans limites, sans nuages et sans ombres, comme elle est reine sur les mers infinies.

Le lendemain, dès l'aurore, on se remit en route à travers l'immense plaine herbeuse qui déroulait ses vagues de verdure jusque là-bas aux bords roses du ciel matinal.

Vers midi, la masse colossale des arènes d'El-Djem apparut à l'horizon, grandissant à mesure qu'on approchait. Avant le crépuscule, la petite troupe était arrivée. On mit la Sœur dans un gourbi construit au-dessous d'une arcade de l'amphithéâtre avec les pierres des ruines.

Dès le jour suivant, le chef Ismaïl tombait gravement malade d'une forte fièvre causée la veille par son imprudence. Dans sa joie d'avoir une telle prisonnière qu'il prenait pour une princesse d'Europe (car quelle autre qu'une grande dame aurait tant de distinction aux yeux de l'Arabe accoutumé à ne voir dans la femme qu'une basse soumission d'esclave!), dans sa joie, dis-je, et dans ses gestes expansifs sur son léger cheval, il advint que son turban se déroula, comme cela arrive souvent, et lui sans y mettre ordre, continua de galoper à droite et à gauche, faisant sauter en l'air son long moukala et le laissant retomber parfois sur les épaules de sœur Eugénie, en une fantasia folle et barbare. Ce jeu lui devint funeste, car sa tête découverte fut frappée d'un coup de soleil.

Dans sa fièvre il fit appeler la Mouniga, et, comme celle-ci lui avait dit que ses fioles et ses boîtes contenaient de quoi panser les malades, il lui ordonna de le guérir.

La Mouniga se mit à le soigner avec son dévouement ordinaire et avec l'expérience qu'elle avait de ces sortes de maladies si fréquentes en ces pays embrasés.

Bientôt la fièvre disparut et le malade reconnaissant ordonna à toute sa tribu d'avoir le plus grand respect et de rendre les plus grands hommages à cette femme médecin.

Aussitôt qu'il put remonter à cheval, il résolut de rendre la liberté à sa libératrice et de la ramener lui-même avec une escorte de ses gens jusqu'à Sousse.

C'est ainsi que la Mouniga, connue parmi tant d'autres tribus, le fut aussi de celle des Souassis, où elle retourna depuis plusieurs fois, toujours avec son petit âne et sa bienfaisante pharmacie.

En arrivant à la ville, l'escorte arabe conduisit en triomphe sœur Eugénie jusqu'à sa demeure, près de la petite église catholique.

Or, ici commence cette idylle d'un nouveau genre.

Au moment de s'en retourner, Ismaïl ne voulut plus quitter le seuil de la Mouniga. Il donna ordre à ses gens de partir, et, lorsque ceux-ci eurent disparu, il s'assit mélancoliquement à la porte.

Le lendemain, on le retrouva encore à la même place et l'on reconnut qu'il était fou. Un des rayons de son coup de soleil était resté planant dans son cerveau, et lui faisait répéter sans cesse des mots d'amour envers la Mouniga. Ce rayon absorbait toute sa faculté intellectuel et Ismaïl ne voyait plus, dans son illumination insensée, que l'image de sœur Eugénie ondoyant dans un prisme de lumière indistincte.

A partir du premier soir où il avait ramené sa prisonnière à Sousse, cette image était devenue fixe : elle le hantait sans cesse.

Sa folie ne fut pas une folie méchante, mais, entre toutes les nuances de cette maladie, elle prit le caractère de folie tendre et amoureuse.

Quand la Mouniga sortait, Ismaïl s'éloignait quelque peu et se prosternait : puis il la suivait de loin.

Parfois il parcourait la ville et, montant sur des marches de mosquée, il haranguait les passants ; il ne parlait que suivant l'éternel rayon de son cerveau, et le nom de la Mouniga revenait sans fin, éclatant comme un chant sur ses lèvres. Les Arabes l'écoutaient pieusement et respectueusement, car ils honorent la folie comme une inspiration d'un ordre supérieur. Voilà pourquoi Ismaïl ne fut jamais inquiété ; il était libre dans sa démence, il déclamait à volonté, puis il se taisait longuement, et les Arabes regardaient sans mot dire ses gestes silencieux, pendant que son corps demi-nu et bronzé détachait sa vacillante silhouette sur la blancheur des maisons ensoleillées.

D'autres fois il parcourait le rivage et s'en allait ainsi jusque vers les palmiers de Monastir, poursuivant et contemplant son perpétuel rayon d'amour qui dansait dans sa tête et auréolait la vision de la Mouniga.

Puis il revenait, le soir, sur le seuil accoutumé et, se drapant dans son burnous, il s'endormait en plein air, après avoir mangé quelques dattes ou quelques figues recueillies çà et là chez les marchands des souks.

Lorsque la Mouniga prenait son âne pour faire sa tournée dans quelques douars voisins, il allait sur ses traces et la suivait à distance. La bonne religieuse n'avait aucune frayeur de lui, car elle connaissait sa folie calme et non dangereuse. Elle lui adressait, au contraire, de temps en temps, une douce parole, comme la délicatesse bienfaisante de la femme sait en trouver, et Ismaïl tombait en extase dans un sentiment de bonheur ineffable ; son rayon alors devenait plus intense et son idéal de fou lui semblait devenir une réalité : en effet, sa vision n'avait-elle pas parlé ?

Ismaïl fut plusieurs fois utile à la Mouniga, en s'attachant ainsi à ses pas. Un jour, entre autres, qu'elle était partie assez loin de Sousse, elle fut rencontrée dans les oliviers de l'Oued-Laya par une caravane étrangère qui venait à la ville avec de nombreux chameaux chargés de télisses pleines de dattes et de grenades. Les chameliers sauvages et à demi nus entourent aussitôt cette femme telle qu'ils n'en avaient jamais vue et se disposent à lui faire un mauvais parti, lorsque le pauvre fou, en sa clairvoyante folie d'amour, voit le danger, et accourt se mettre devant elle ; il parle et fait ses grands gestes insensés : toute la bande s'arrête, subjuguée et respectueuse. La Sœur, alors, poursuit tranquillement sa route, et bientôt la caravane a disparu derrière les cactus et les caroubiers.

Dans une autre circonstance, sœur Eugénie s'étant trouvée retardée à son retour d'une de ses charitables expéditions, revint à Sousse, alors que la nuit était déjà entièrement tombée. Le canon de la Casbah avait retenti, toutes les portes de la ville étaient closes. Or, une fois les portes fermées, on ne les ouvre plus pour aucune raison, jusqu'au lever de l'aurore. C'est une loi inexorable ; et la Mouniga se voyait obligée de passer la nuit au pied des remparts, lorsque Ismaïl courut faire le tour de la ville du côté du port, se fit hisser dans un bastion par des matelots kabyles, alla se présenter au gouverneur et lui dit, au nom du Prophète, qu'il ne devait pas y avoir de loi pour la Mouniga. Le gouverneur fit ouvrir la porte, et sœur Eugénie put rentrer chez elle, grâce encore à son étrange et amoureux protecteur.

C'est ainsi que, durant trois étés et trois saisons de pluies, c'est-à-dire durant trois années entières, Ismaïl continua cette existence de folie chevaleresque auprès de la dame de son unique pensée, ou plutôt auprès de la dame de l'inséparable et continuel rayon planté dans son cerveau comme une flèche embrasée.

Ce rayon ne s'éteignit qu'avec son dernier soupir, et, un matin, on vit le chef Ismaïl étendu mort en travers du seuil de la douce Mouniga.

Celle-ci versa des larmes d'attendrissement sur le pauvre fou et adora la volonté du Dieu qui dirige toutes choses, l'intelligence comme la folie, dans les desseins éternels de son harmonieuse Providence.

La Mouniga continua de longues années son ministère de sainte charité, et jamais elle ne voulut abandonner son poste pour revoir sa France bien-aimée : ce fut la France qui vint la trouver.

C'est ainsi qu'en débarquant sur la terre tunisienne, je vis la cornette blanche d'une sœur de Saint-Vincent de Paul, d'une de ces religieuses sublimes qui, comme l'Eglise, sont catholiques, c'est-à-dire universelles, répandues dans l'univers entier.

Jeunes filles arabes.

V

DÉPART POUR KAIROUAN

Le 22 octobre, la colonne commandée par le général Étienne se met en route vers Kairouan. Je suis désigné avec un gendarme pour rester en arrière, afin de veiller à ce qu'il n'y ait pas de traînards ou quelque chargement abandonné.

Nous marchons assez lentement, entendant la fusillade de tous côtés.

Plusieurs mulets tombent éreintés sous la charge. Comme ils ne peuvent plus servir puisqu'ils ont les reins cassés, nous les achevons à coups de fusil, afin d'empêcher les Slass de s'en emparer.

Au milieu d'un terrain accidenté et couvert d'oliviers derrière lesquels des Arabes embusqués tirent sans cesse sur nous, je vois tout à coup un fantassin tomber sur le bord du chemin. L'aumônier court aussitôt vers lui, descend de cheval, le soigne, puis le place sur sa monture, afin de ne pas l'abandonner entre les mains ennemies, car, sous les balles des dissidents, sans regarder en arrière et le général en tête, nous poursuivons, malgré tout, notre route. Tant pis pour les retardataires !

Un quart d'heure se passe. Je revois de loin l'aumônier marchant avec peine, embarrassé par sa longue soutane, par le cheval dont il tient la bride et par le blessé qu'il maintient en selle. Je veux avoir part à son dévouement et, courant de son côté, je lui offre Nadèje, ma jument noire. Il refuse d'abord. Je lui fais entendre que je suis jeune, que ce n'est qu'un jeu pour moi de faire quelques kilomètres à pied, et que j'ai mon sabre pour me servir de canne. Il accepte enfin et se met à chevaucher côte à côte avec son malade.

Cependant je ne marche pas longtemps à pied, car, au bout de cinq minutes, un gendarme tombe blessé près de moi et on le met sur la charrette d'un mercanti maltais. Je saute aussitôt sur le cheval libre du gendarme et, content d'être en selle de nouveau, je me mets à galoper sans souci autour d'une bande de sept cents chameaux qui nous suivent, chargés de vivres.

Le soleil darde des rayons qui brûlent et font monter une ivresse au cerveau.

A quatre heures du soir, nous atteignons Oued-Laya sur la lisière des bois d'oliviers : là, le vent apporte encore les derniers aromes de la mer ; mais c'est là aussi que commence la plaine aride et nue où souffle l'haleine du désert.

En établissant notre camp, nous trouvons le cadavre d'un Maltais que les Arabes, en se retirant devant nous, ont assassiné et brûlé à moitié. Nous l'ensevelissons et nos cœurs débordent de vengeance contre ces lâches brigands qui ne savent qu'assassiner et fuir toujours.

Le 23 et le 24, nous passons la journée à Oued-Laya.

Le 25, nous nous mettons en route de nouveau. C'est la plaine sans limites. Quelques Slass s'enfuient au loin. La colonne est déployée en carré : le général marche en tête, la cavalerie forme les ailes ; l'artillerie et le train sont au centre : le convoi de chameaux ferme la marche. Ce carré semble bien petit dans l'immense plaine. Quel point microscopique en comparaison de l'espace qui s'étend à perte de vue !

Vers trois heures, le carré s'ouvre, et de ses flancs partent quelques coups de canon dirigés sur une colline couverte d'un inextricable fouillis de cactus géants, afin de s'assurer si des Arabes ne s'y cachent pas.

Deux blancs marabouts élèvent leur dôme de plâtre sur le fond de la sombre verdure de ces plantes africaines. Nous avançons. Aucun Arabe ne donne signe de présence. Quelques puits rafraîchissent ce lieu souriant au front âpre du désert : c'est Sidi-El-Hani, la dernière étape avant d'arriver à Kairouan. Nous dressons notre camp : c'est là que nous allons coucher ce soir.

Enfin, le 27 octobre, nous quittons Sidi-El-Hani ; et lorsque la verte colline a disparu derrière nous, on voit encore le même carré d'hommes s'avancer dans la plaine toujours aussi vaste.

Deux heures après, le carré s'arrête tout à coup, sans qu'on ait entendu d'ordre ; une rumeur s'élève ; une même émotion saisit toutes les âmes, et de toutes les bouches sort le nom de Kairouan. La Ville sainte venait d'apparaître soudain, blanche, immobile, dormante à l'horizon. Elle était là-bas, couchée languissamment, la ville mystérieuse, la ville vierge de tout contact étranger.

Le soleil se jouait sur elle en reflets d'argent. Et nous, petit carré, nous sommes là pour nous emparer de cette sauvage musulmane ; mais, avant de mettre la main dessus, nous nous arrêtons pour la contempler, saisis de ce je ne sais quoi qui fait battre le cœur dans les moments où une action décisive va s'accomplir.

Cette première vision de Kairouan restera profondément gravée en ma mémoire à cet instant où son charme étrange arrêta toute une colonne française.

. . . .

Jamais un profane n'avait franchi les murailles sacrées de cette ville qui, depuis huit cents ans, respirait solitaire dans la grande plaine.

Là, régnaient en vainqueurs le fanatisme musulman et la mort.

Aucun chrétien n'avait souillé de ses pieds la ville sainte, sauf un ou deux voyageurs qui, munis d'une autorisation spéciale du bey de Tunis, avaient rapidement traversé les rues sous une bonne escorte arabe.

Un Juif, né dans la régence et familier avec les mœurs et les vêtements du pays, voulut un jour traverser Kairouan seulement par la rue centrale allant d'une porte à l'autre. Il était à cheval et son allure était rapide. Cinq minutes lui suffisaient pour accomplir son dessein. A peine était-il entré que des enfants le reconnurent, le poursuivirent, et les musulmans, s'attroupant autour de lui, le mirent à mort.

Ce fait me fut raconté, entre mille autres, par un vieil Arabe dont la longue barbe blanche ondoyait sur sa djebba rose, vêtement de soie qui caractérise les notables indigènes. Il se nommait Mahmoud et servait d'interprète au gouverneur tunisien. En me rapportant l'histoire du Juif, il se servait de ces mots très pittoresques : « Les enfants sentirent le Juif comme des chiens sentent un lièvre, et criant : ioudi, ioudi ! se mirent sur sa piste. »

Donc, depuis huit siècles, cette ville se renfermait dans le culte farouche de sa religion, culte qui faisait d'elle une solitude pire que le désert qui l'entoure.

Et nous, Français, au galop de nos chevaux, nous avons pris cette ville que cinquante mille Arabes voulaient défendre, et nous l'avons prise sans brûler une cartouche sans tirer notre sabre, simplement le képi sur l'oreille et la cravache à la main.

Les cinquante mille Arabes s'étaient hâtés de fuir vers les montagnes, car les muezzins leur avaient affirmé que Mahomet saurait défendre la ville vierge jusque-là de toute approche étrangère, que les murailles tomberaient d'elles-mêmes pour écraser les envahisseurs et que l'eau serait changée en sang. Belle légende qui devançait les temps, mais qui n'était pas destinée à devenir historique !

L'eau resta saumâtre et ne devint pas du sang ; les murailles restèrent debout, conservant leur couronne de créneaux, pour saluer plus royalement notre entrée. Mahomet sembla avoir oublié sa ville.... et Kairouan la Sainte se vit foulée aux pieds des roumis vainqueurs.

Le lendemain matin, l'aumônier militaire voulut célébrer le sacrifice de la messe sur la terrasse d'une des maisons les plus élevées, en face de nos camps, en face de la plaine immense, en face des mosquées et des autres terrasses de la ville. Pour des yeux catholiques, ce fut un spectacle sublime de voir la divine Victime suspendue entre les mains du prêtre et planant au-dessus de l'Islam, dans une cité où, depuis huit siècles, Mahomet régnait sans conteste et où était totalement inconnu le sacrifice de notre Christ.

Il est beau le ministère du prêtre présidant à de tels spectacles, qui ne peuvent être dignement appréciés que par le Ciel seul !

Le jour suivant, nous nous emparons de quatre Arabes qui recélaient, dans leurs burnous, des cartouches de nos fusils, cartouches qu'ils ne peuvent s'être procurées qu'après avoir assassiné quelque troupier français. De plus, le courrier de France a été déchiré en route, et l'on soupçonne, avec raison, ces quatre individus de n'être pas purs de tout crime.

Amenés devant le général, ils ne veulent répondre à aucune question. Le général, usant alors des moyens judiciaires propres au pays, les condamne à recevoir, chacun, deux cents coups de bastonnade. La souffrance, peut-être, les fera parler.

Devant le camp entier, rassemblé en cercle, on étend par terre ces quatre Arabes, on relève leurs burnous, et des hommes, armés de baguettes de fusil, frappent sans pitié, à tour de bras, sur la chair nue, à l'endroit le plus propice pour bien sentir les coups, sans que la santé en soit trop altérée, car là est le siège du corps, mais non le siège de la vie. Le sang jaillit ; les baguettes de fusils sont tordues ; les hommes sont essoufflés, mais les Arabes n'ont proféré aucune plainte, n'ont révélé aucun secret, et on les emporte, évanouis, sous une tente qui leur sert de prison.

Le lendemain, à l'aurore, on les conduit sur le front de

bandière du camp et on les fusille, sans qu'aucune parole soit sortie de leurs lèvres.

En contemplant leurs corps étendus, percés de balles, je me prends à réfléchir avec mélancolie, et je rejoins ma tente en rêvant. Ces hommes avaient du courage et je les admire, mais je les plains d'être morts pour une cause qui n'est pas la vraie grande cause : ils sont morts par fanatisme : ce sont quatre victimes d'un Mahomet imposteur qui les a trompés en les aveuglant.

VI

UN CONVOI D'ARABATS

Trois jours après la prise de Kairouan et sans avoir eu encore le loisir de parcourir les recoins de cette mystérieuse cité, je suis désigné pour escorter deux cents arabats qui doivent nous servir à transporter de nombreux malades à Sousse.

A sept heures du matin, nous quittons Kairouan. Un brouillard épais nous entoure. On ne se voit qu'à peine les uns les autres et, pendant une heure, nous marchons sans pouvoir rien distinguer.

N'ayant été averti que quelques instants avant le départ, j'ignore presque complètement les divers éléments qui composent notre colonne. Presque tous mes compagnons sont comme moi ; nous sommes réunis, mais perdus et enveloppés dans ce brouillard blanchâtre pire que l'obscurité de la nuit.

On n'entend que le pas des chevaux, le roulement des charrettes, le son des voix ; nous savons seulement que tout ce bruit confus c'est nous : et ce bruit marche en avançant dans la brume.

Mais il y a un chef qui sait où l'on va, et celui-ci, du

Barbier arabe.

moins, voit clair pour tous ; avant de partir, il a dû étudier la route et, pour lui, s'il y a du brouillard, il n'y a pas d'inconnu.

Voilà pourquoi l'on chevauche gaiement en attendant d'y voir mieux.

Vers huit heures, le voile de brume se replie, l'obscurité se dissipe en un instant et le soleil apparaît dans toute sa splendeur, éclairant de ses feux toute la plaine kairouannaise. C'est alors que l'on peut apprécier l'originalité et la nouveauté de ces grands convois d'arabats.

L'arabat est une charrette du pays, toute primitive, composée de deux roues sans ressorts, de deux morceaux de bois en long avec trois ou quatre autres en travers, et voilà tout. Sur ces charrettes aux durs cahots nous transportons des subsistances et plus de cent cinquante soldats malades.

Que l'on se figure deux cents de ces grossiers véhicules traversant la plaine, conduits par des Arabes, des nègres, des Maltais, tous en guenilles, tous faisant entendre des sons gutturaux, chacun criant dans une langue différente, et l'on aura quelque peu l'idée d'un pareil rassemblement.

Autour du convoi, l'infanterie s'échelonne et les cavaliers marchent en éclaireurs.

L'aumônier, le revolver à la ceinture, accompagne les malades et galope sur un petit cheval gris pommelé.

Le train et la gendarmerie réunissent leur concours pour faire marcher les Arabes qui sont souvent tentés de rester en arrière avec leurs charrettes. Ces Arabes sont d'une paresse tout orientale et l'on est obligé, avec eux, de se servir du bâton, toujours du bâton. Ils n'obéissent qu'à la force. Le nègre, au contraire, aime le labeur, il se remue, il fait l'ouvrage de dix et, tout en travaillant, il est gai et rit toujours, tandis que l'Arabe cause peu et ne rit presque jamais.

Tout le long de la route on n'entend que le nègre ; il se moque de tout, plaisante bruyamment ses compagnons et fait des farces burlesques. Je m'intéresse beaucoup à le regarder et je l'encourage dans sa gaieté bouffonne, car cela lui donne du cœur et le rend plus courageux dans sa besogne.

Un matin, nous avons beaucoup de sacs d'orge et de farine à mettre en ordre avant le départ. Le temps presse, mais les Arabes ne se pressent pas. Furieux de leur mauvaise volonté à m'obéir et à travailler, je me précipite à cheval au milieu d'eux et je les frappe à coups redoublés avec ma dragonne de sabre. Alors un nègre se barbouille le visage avec de la farine et, s'avançant tranquillement vers moi, il me montre ses dents d'ivoire en un rire confiant et me dit : « Anha kifkif anheta. » C'est-à-dire : « Je suis semblable à toi. » Il me faisait ainsi comprendre qu'étant blanc comme un Français, il ne devait pas être battu, et son geste dédaigneux me montrait les Arabes, comme pour me faire entendre qu'il ne faisait pas partie de leur bande paresseuse.

Quelle éloquence et quelle hardiesse dans cette pantomime !

Ce trait marque bien tout ce que j'ai pu étudier sur le caractère de cette race qui serait supérieure si son intelligence était illuminée par les sublimes clartés de la foi catholique, la foi qui, seule, peut civiliser et grandir l'homme. Le nègre est fier et se considère comme l'égal de l'Européen : il aurait raison s'il était chrétien.

Dans l'après-midi de notre dernier jour de marche, la pluie commence à tomber et menace de durer longtemps. Nous arrivons cependant sans encombres à Sousse et, après avoir remis à qui de droit nos malades et nos provisions, la journée entière du lendemain nous reste à passer dans la blanche cité. Mais le désarroi d'une ville occupée depuis peu de temps par des troupes qu'elle s'étonne de voir dans ses murs et une pluie presque continuelle qui, s'amassant en larges ruisseaux, rend les rues impraticables, tout cela ne me permet encore de visiter Sousse que très superficiellement.

Durant deux heures cependant, la pluie s'arrête, mais elle reste suspendue dans les nuées noires ; et la mer, si accoutumée de refléter les rayons africains en son miroir d'azur, est toute houleuse, toute sombre, tout inquiète.

Je profite de cette trêve de pluie pour me promener sur la plage. Errant çà et là, je vois tout à coup plusieurs femmes arabes s'avancer dans la mer comme une volée d'oiseaux. Elles font rouler de grosses pierres à une certaine distance au milieu des flots, placent quelques hardes sur ces pierres, montent dessus et se mettent à danser avec leurs pieds nus. C'est leur manière de laver leurs rares vêtements. Elles s'y prennent avec une dextérité merveilleuse, froissant, battant, retournant ce linge rien qu'avec les pieds, car leurs deux mains sont occupées à relever et à retenir l'unique draperie qui les couvre et laisse voir des jambes couleur de marbre antique jauni par le temps.

C'est la seule coutume curieuse dont j'ai pu me rendre compte cette fois-ci pendant mon séjour à Sousse.

Après une nuit d'orage, nous sommes debout à cinq

heures du matin et nous faisons charger de vivres nos deux cents arabats, profitant de ce convoi pour ravitailler Kairouan. Le mauvais temps ne cesse pas et la pluie tombe à torrents, changeant le sol en lac et en bourbier. On ne distingue plus la mer orageuse mêlée avec le ciel gris ; un bruit vague et immense s'élève du rivage comme une plainte.

Cependant, malgré tout, il faut partir : c'est l'ordre. A sept heures, le chargement est terminé ; cavalerie, infanterie, arabats, tout se met en route à travers les oliviers et les grandes haies de cactus.

Il n'y a pas trop d'aventures fâcheuses jusqu'à Oued-Laya, où nous arrivons vers midi et où nous faisons la grande halte.

Mais, en quittant Oued-Laya, nous laissons la région cultivée pour entrer dans la plaine déserte, avec ses ondulations infinies et ses fondrières.

C'est alors que commencent de sérieuses difficultés.

La pluie tombe sans cesse et, depuis ce matin, nous sommes couverts d'une eau qui, à force de nous pénétrer, nous transit de froid.

A chaque instant, la marche est retardée par des torrents qui se sont formés en quelques heures.

La terre, habituellement desséchée, devient glissante, et nos pauvres chevaux posent timidement leurs pieds sur un sol qu'ils ne reconnaissent plus, accoutumés naguère à le frapper de leurs sabots en le parcourant sans crainte et le nez au vent.

Les charrettes s'embourbent et ne sortent d'une ornière que pour s'enfoncer dans une autre, et les Arabes, prompts à la paresse, laissent tomber leurs bras d'une manière désespérée. Ce n'est qu'à coups de cravache que nous rendons le courage à leur âme... ou, plus probablement, la rage à leur cœur. Nous n'avons pas besoin d'user de ce même expédient envers les nègres et les Maltais, qui surmontent les difficultés avec une constance et une énergie que j'admire.

Il y a des endroits où l'on n'avance que d'un kilomètre en une heure.

Les cris les plus discordants se croisent ; toutes ces figures bronzées, ces corps couverts de guenilles, ces longues jambes nues maculées de boue, ces turbans dont plusieurs se déroulent en désordre, ces voix rauques, tout cela forme un spectacle sauvage que l'on n'oublie jamais après l'avoir vu.

Çà et là, des mulets éreintés s'abattent, et plusieurs hommes sont obligés de réunir leurs efforts pour les décharger, les relever et les recharger. Quelques-uns de ces animaux s'entêtent, courbent leurs longues oreilles et ne veulent pas se remettre debout ; on les assomme alors d'un coup de crosse et l'on s'en va plus loin, les abandonnant à la dent des chacals qui viendront les dévorer.

La pluie tombe, tombe. Notre colonne n'est plus qu'un pêle-mêle où chacun se débat comme il peut dans la boue.

L'ennemi aurait beau jeu s'il venait nous tirailler en ce moment ; mais il est, comme nous, arrêté par l'onde, maîtresse de la plaine.

Et cependant, malgré les obstacles, cette masse d'hommes, conduite par une volonté, avance et gagne du terrain.

Puis la nuit vient, mêlant ses ténèbres avec l'eau qui

tombe, et nous marchons encore. Harassés, nous ne nous arrêtons pas. Il faut lutter jusqu'au bout. Les manteaux ont augmenté du poids de toute une journée de pluie. Les chevaux, la tête basse, n'en peuvent plus. Le cœur est serré par la souffrance et nous avons faim, car, à la halte, nous n'avons mangé qu'un morceau de biscuit. Oh! qu'elle devient longue la marche qui se fait ainsi sans lumière et sans chaleur! Mais courage! il ne faut pas rester en route; une autre fois nous serons plus heureux... Et la colonne avance dans la nuit.

Enfin, à une heure du matin, nous atteignons la double étape, après avoir marché durant dix-sept heures.

Il nous est impossible de nous mettre à l'abri sous nos tentes que le vent enlève, car les piquets ne peuvent être enfoncés dans la boue profonde. Pour me réchauffer, je me promène le reste de la nuit; étrange manière de me reposer!

A quatre heures du matin, à force de précautions et d'adresse, on parvient à faire flamber quelques feux sur lesquels nous préparons le café, et puis... en avant! Nous reprenons la rude journée d'hier, mais avec plus de joie, parce que, ce soir, nous arriverons à Kairouan, où nos camarades nous attendent et où nous prendrons du repos jusqu'à ce que le terrain desséché permette de recommencer nos excursions.

Nous parvenons au camp, sous les remparts, à cinq heures du soir, hommes et chevaux anéantis, rendus, épuisés de fatigue. De grandes tentes coniques sont toutes prêtes à nous recevoir. Comme nous allons bien dormir à l'abri de leur toile tendue et résonnante, sur laquelle on écoute rebondir la pluie qui tombe toujours!...

VII

KAIROUAN

Kairouan, comme je l'ai déjà dit, est la ville sainte qui jusqu'ici, s'était toujours renfermée, solitaire, dans son fanatisme musulman.

A 20 kilomètres de distance, sur le moindre monticule de sable, on l'aperçoit couchée paresseusement au milieu de la plaine et reflétant, par ses blanches terrasses, les rayons du soleil. Cette blancheur, ainsi illuminée, produit l'effet d'un immense miroir étendant et faisant jouer ses reflets comme pour éclairer la masse noire du mont Zaghouan qui s'élève, géant, à l'horizon.

Tout autour de la ville, sur une étendue de plusieurs kilomètres, sont des tombeaux nombreux jetés çà et là, pêle-mêle, comme par caprice. On ne peut faire un pas sans marcher sur une tombe; nous campons au milieu des tombes. Une véritable pluie de morts semble s'être abattue sur cette terre sacrée de Mohammed. En venant du désert, il faut d'abord franchir la cité des morts avant d'entrer dans la cité des vivants.

On pénètre dans Kairouan par cinq portes creusées

dans les remparts et ornées de colonnes et de traverses de marbre avec des inscriptions tirées du Coran. La porte Djelladine est la plus curieuse par sa construction mauresque ; la porte de Sousse est la plus commode par sa largeur ; la porte de Tunis est la plus fréquentée parce qu'elle s'ouvre sur une place où se tient un marché renommé pour ses poteries, ses ânes et ses étoffes.

Les rues de Kairouan sont tristes, tortueuses, enchevêtrées les unes dans les autres et souvent assez étroites pour qu'un chameau puisse à peine y passer avec sa charge.

De tous côtés, on trouve des colonnes romaines en marbre ; ici, une colonne en marbre vert forme le coin d'une rue : là, plusieurs colonnes en beau marbre rose sont couchées et forment le rebord d'un trottoir. Il n'y a pas une écurie qui ne renferme plusieurs colonnes romaines auxquelles sont attachés les ânes et les chevaux, et l'on y trouve souvent des chapiteaux très finement fouillés, des feuilles d'acanthe très délicatement ciselées.

Toutes les maisons, les échoppes, les moulins renferment quelques marbres : les maisons riches possèdent les plus beaux et les plus nombreux ; à l'extérieur, ces demeures n'ont aucune apparence : ce sont des murs grossiers de plâtre percés de quelques étroites fenêtres ou de quelques moucharabis qui surplombent la rue ; mais ausssitôt que vous entrez, vous vous trouvez parmi des marbres de toutes couleurs. Ces maisons se composent, comme celles que l'on rencontre à Pompéi, d'un atrium, d'une cour à portiques et d'un péristyle souvent d'une grande élégance. On y est chez soi, tout en restant

Kairouan. Intérieur de la Grande-Mosquée de Sidi-Okba (voir page 88).

en plein air sous le beau ciel bleu. Les cours intérieures sont en marbre et au milieu se creusent des citernes de marbre souvent ombragées par un figuier à l'épais feuillage auprès duquel on se repose dans une délicieuse fraîcheur. Les linteaux de presque toutes les portes et les fenêtres sont en marbre.

Tout ici semble être la résurrection des ruines antiques, mais résurrection pleine de tristesse, car l'art musulman ne sait pas redonner la vie à ces brillants marbres témoins de la grande civilisation grecque et romaine.

Kairouan est une ville de contrastes peu harmonieux ; elle est bâtie en marbre et en plâtre.

Tout ce qui est commun aux villes orientales a pu être décrit par les voyageurs ; mais à Kairouan il faut insister sur les marbres romains dont cette ville est remplie, souvenirs précieux d'une antiquité disparue comme un rêve sous le siroco du désert et ne laissant après elle que des volutes ioniques pour célébrer son artistique beauté et des feuilles d'acanthe pour fleurir sur son tombeau.

On est vraiment émerveillé en contemplant, au milieu de la solitude, cette ville construite avec les débris et les ruines de Sabra. Malheureusement ces curieux restes sont placés et entassés sans goût et sans art. Les Arabes n'en comprennent ni l'importance ni la beauté. L'exemple en est frappant, surtout dans les mosquées et les zaouïas nombreuses de la ville sainte : on y admire les plus riches colonnades de marbre et l'on constate en même temps le parfait mauvais goût de leur disposition et de leur encadrement.

La Grande Mosquée, ou mosquée de Sidi-Okba, est la

plus intéressante à visiter. Elle occupe presque tout le côté ouest à l'intérieur des remparts et forme une petite ville au milieu de la grande cité ; elle est entourée de contreforts énormes, qui lui donnent un aspect de sanctuaire mystérieux et infranchissable ; des coupoles blanches la surmontent, et un minaret à trois étages la domine fièrement. On aperçoit ce minaret de tous les points de l'horizon : c'est l'orgueil de Kairouan.

Trois portails, en bois admirablement sculpté, donnent accès dans la mosquée sous les portiques de la grande cour. Une seule porte, enfoncée et taillée dans une extraordinaire épaisseur de muraille, donne sur la rue. C'est là que les croyants se déchaussent avant de pénétrer dans dans le lieu sacré.

L'intérieur est grandiose et magnifique a première vue : les travées s'enfoncent dans l'ombre à travers huit rangées de trente colonnes en marbre et en porphyre. Plusieurs de ces colonnes sont très grosses et très riches : toutes les couleurs les plus vives, tous les marbres les plus divers sont rassemblés ici.

Malgré la différence de religion, je suis saisi, en entrant dans cette mosquée, d'un respect auquel je ne m'attendais pas et je suis rempli d'un grand sentiment religieux au milieu du silence solennel qui règne dans cette véritable forêt de colonnades, parmi lesquelles le jour, n'entrant qu'à peine, forme une mystérieuse obscurité

Cependant, lorsque la surprise excitée par ce premier regard d'ensemble est calmée, on descend alors aux détails et l'on juge avec quel peu de perfection ce monument est ordonnancé et achevé. Beaucoup de colonnes sont reliées entre elles par des traverses de bois ; leurs bases sont entourées à 1 mètre de hauteur par de mauvais paillassons ; des lustres en fer-blanc, jamais nettoyés, sont suspendus çà et là. On dirait que trop de grandeur écrase le musulman stupide : il veut y mêler quelque chose de mesquin. Les styles doriques, ioniques, corinthien sont mélangés sans ordre et sans harmonie : des fûts cannelés à côté de fûts unis et, au-dessus de tous les beaux chapiteaux... un plafond de plâtre !

On sort dans une immense cour qui ressemble à un vaste cloître : elle est pavée en marbre et entourée d'un large et majestueux péristyle de trois rangées de colonnes. Mais, ô abrutissement de l'intelligence musulmane et barbare ! ces belles colonnes de marbre sont recouvertes d'une couche de chaux !...

Au milieu de la cour sont deux citernes, dont l'eau fraîche et pure vient, selon la croyance arabe, de la Mecque par un conduit inconnu.

Une citerne est un trésor précieusement entretenu dans ce pays, où l'on a, pour boire, seulement l'eau de la pluie, que l'on y fait couler le plus possible et que l'on y rassemble de toutes parts, en ayant soin de l'y conserver avec vigilance et parcimonie, durant les longs mois de sécheresse.

L'Arabe met autant de soin et d'amour à construire ses citernes qu'à honorer ses mosquées. Près de la porte de Tunis est la plus remarquable citerne de Kairouan, construite par la dynastie des Aglabites et qui porte encore leur nom. C'est un véritable monument en ce genre, et, dans toute la Tunisie, je n'ai vu que les citernes en ruines de la vieille Carthage qui fussent aussi grandioses.

Une autre citerne, la citerne M'Sléa, est aussi fort curieuse par son étendue et la simplicité toute pratique de sa construction. C'est une immense cour carrée entourée d'un mur et recouverte d'une couche de plâtre très unie. Toutes les parties de la cour s'inclinent en pente douce vers le centre, de sorte que, lorsqu'il pleut, l'eau coule dans un vaste bassin construit en dessous et entièrement couvert. Dans un coin de cette vaste cour est une autre cour plus petite, entourée, elle aussi, d'un mur; c'est dans cette dernière seule que l'on pénètre pour puiser l'eau.

Comme l'eau est à une certaine profondeur, surtout quand la sécheresse a été longue, on est obligé de se servir de cordes pour que la gargoulette puisse atteindre jusqu'au fond. On peut puiser ainsi en cinq endroits différents, et chaque ouverture est formée avec une belle base de colonne en marbre creusée, sur laquelle les cordes, à force de glisser depuis des siècles, ont formé de profondes cannelures intérieures.

Cette citerne M'Sléa est la plus fréquentée de la ville. L'eau s'y conserve propre et fraîche. Il y a continuellement auprès un sous-officier de planton pour empêcher les Arabes d'y jeter quelque chose ou d'y puiser avec des peaux de bouc.

C'est là qu'étant parfois de service, je vois de très beaux types de femmes arabes. Elles cherchent à se cacher la figure, mais leurs voiles s'entr'ouvrent dans les mouvements qu'elles font pour tirer l'eau. Pieds nus, leur unique vêtement sans manche et fendu sur le côté, leur urne sur l'épaule ou sur la tête, elles donnent une évocation de ces belles Juives dont parle la Bible et qui venaient puiser l'eau de la fontaine et donnaient à boire au voyageur.

Au côté opposé à la citerne M'Sléa, à 5 kilomètres en dehors des remparts, se trouve la maison de campagne d'un caïd, entourée de plantations enchanteresses : nous la nommons la villa des Orangers. C'est une perle posée sur le front si nu de cette terre sauvage ; c'est, jusqu'à l'horizon visible, le seul sourire que ce pays rende au sourire embrasé d'un ciel de feu qui l'inonde de lumière et de volupté.

Avant d'arriver à cette délicieuse oasis, on passe auprès de la Mosquée du Barbier, où est placé le tombeau, couvert d'étoffes vertes, or et argent, du général que Mahomet envoya pour soumettre ce pays à sa puissance. Il paraît que ce lieutenant du Prophète avait été aussi son barbier : de là le nom donné au célèbre tombeau de ce saint de la loi musulmane.

Cette mosquée est un joyau d'art oriental, et si la grande mosquée de Sidi-Okba est superbe par sa vaste et mystérieuse étendue, celle-ci est merveilleuse par la finesse de ses arabesques et la délicatesse achevée avec laquelle ses marbres sont ciselés. Ce joli bijou relève à mes yeux le bon goût arabe, si endommagé par le plafond en plâtre et les traverses de bois qui surmontent les chapiteaux de la magnifique forêt de colonnes dont j'ai déjà parlé.

Il est très difficile de pénétrer dans cette mosquée vénérée, et le fanatisme musulman n'en ouvre les portes que devant la force victorieuse. Je parviens à la visiter par un stratagème très simple et qui aurait pu fort bien ne pas réussir. Me promenant un jour, à cheval, dans les environs, avec deux camarades, notre curiosité est excitée, et nous nous demandons comment faire pour entrer dans ce lieu interdit à tous pieds profanes et où sont de nombreuses cellules de solitaires musulmans. Une idée me vient tout à coup : j'écris au crayon quelques barbouillages illisibles sur une page de mon calpin ; je la déchire et je la présente au gardien, en lui disant que c'est un ordre du général français. Le gardien s'incline, serre précieusement mon papier dans son burnous, nous fait tenir nos chevaux et nous fait conduire par toute la mosquée.

Cours de marbre, arcades blanches, arabesques, faïences multicolores, tout cela est merveilleusement teinté par le lumineux azur du ciel qui s'y reflète. Nous arrivons jusqu'au sanctuaire qui abrite le tombeau du Barbier et renferme, dit-on, quelques cheveux de Mahomet ; notre guide nous fait déchausser avant d'y entrer et nous donne à boire un verre d'eau fraîche de la citerne sacrée. Nous faisons d'autant moins difficulté d'enlever nos bottes et de boire l'eau fraîche que nous sentons bien n'être là que par ruse. Des éclats de rire contenus montent à nos lèvres, mais nous nous retenons devant le calme religieux du muezzin.

Après avoir tout vu, nous remontons à cheval et partons au galop, enchantés de notre excursion.

Jamais nous n'avons entendu reparler de ma page de calepin écrite au crayon, et serrée si précieusement sur le cœur de l'Arabe.

Les habitants de Kairouan me paraissent assez paisibles ; mais c'est une soumission feinte, un calme trompeur. Il est vrai que les plus indomptables, les Slass, se sont enfuis dans les montagnes, laissant tout un quartier

Une rue à Kairouan.

de la ville abandonné. Ces maisons du quartier des Slass servent maintenant à loger quelques compagnies de soldats français.

A Kairouan, on respire en plein l'atmosphère musulmane ; on vit au milieu du Coran : un air étrange et plein de tristesse pèse sur vous. Les Arabes que l'on côtoie ont dans leur allure quelque chose de sombre qu'on ne rencontre pas ailleurs. Est-ce la douleur de voir leur ville sainte ouverte aux Roumis ? Est-ce une dissimulation hypocrite qui espère se venger bientôt ? En tout cas, ils sont calmes ; mais, dans leurs yeux, on peut lire une secrète espérance de revoir un jour leur ville, purifiée du contact étranger, redevenir la fleur musulmane dont les parfums n'embaumeront que les seuls croyants.

Il n'est pas étonnant que Kairouan ait conservé plus pieusement qu'ailleurs le fanatisme religieux, les traditions de l'Alcoran. Ville sainte, située solitaire au milieu d'une plaine aride et sans bornes, renfermée presque hermétiquement dans ses remparts, ses bastions et ses tours, elle ne voit qu'elle et ne vit que pour elle. Isolée du monde au milieu de ses solitudes, elle se regarde comme une ville vierge qu'aucun pied étranger ne doit fouler. Sa population a la réputation d'être d'un fanatisme féroce et personne autre qu'un mahométan ne s'aventura jamais impunément à pénétrer dans ses murs. Aussi, n'ayant aucune communication qu'avec les croyants, elle reste comme engourdie nécessairement et endormie dans son fatalisme oriental sans progrès et sans lumière.

Les rues de Kairouan sont mornes et désertes, excepté la rue centrale qui est presque toujours encombrée de chameaux. Pour trouver un peu d'animation, il faut aller aux soucks ou bazars : c'est là où se concentre presque toute la vie de la cité.

Les soucks sont des rues couvertes, bordées par les échoppes des marchands et des diverses corporations de métiers. Le soleil n'y pénètre jamais, en sorte qu'on y jouit d'une fraîcheur parfois assez délicieuse pour que l'Arabe appelle le Souck un Paradis.

Ce qui est singulier dans la vie du Souck, c'est l'aspect sérieux du marchand. Richement vêtu et très gras, assis les jambes croisées au milieu de ses marchandises, il ne se déride jamais. De temps en temps, il hume gravement une tasse de café maure que lui sert le caouadji voisin, porte une cigarette à ses lèvres sensuelles et attend patiemment l'acheteur. Il cause lentement avec le marchand de l'échoppe en face de lui, de l'autre côté de la ruelle ; on dirait qu'une lassitude profonde pèse sur tous ces hommes qui, avec leur vieille barbe grise et leurs turbans, semblent une évocation de l'Orient rêvé, une vision de l'immuable Islam. C'est l'Islam intact beaucoup plus qu'à Tunis et dans les autres villes de la Régence, parce que les vendeurs sont ici de vrais et purs Arabes ; majestueusement accroupis dans leurs boutiques, sans être mêlés avec les Juifs qui grouillent dans ces villes et que l'on rencontre à chaque pas avec leurs voix nasillardes, leurs empiétements, leurs vols éhontés, leur hypocrite lâcheté, leurs mensonges.

Les boutiques des Soucks ne sont que des échoppes de deux mètres de long sur deux mètres de large ; là sont entassées les marchandises que l'Arabe peut saisir rien qu'en étendant la main autour de lui, sans avoir la peine de se lever de son éternelle paresse assise.

Ceux qui travaillent dans leurs échoppes à fabriquer des savates jaunes, des selles dorées ou des babouches, opèrent avec une lenteur mesurée ; ils ne se dérident jamais, ils vous regardent à peine en leur fataliste dédain. Cela ne fait qu'ajouter à la vague tristesse qui règne en cette ville musulmane.

Les bazars les plus achalandés sont ceux des étoffes, des tapis et des savates. Ces dernières se fabriquent par milliers ; c'est la chaussure du pays. Elles sont couleur jonquille, très éclatantes lorsqu'elles sont neuves. Tous les Arabes ont leurs pieds nus dans ces savates jaunes sans talons. Les caïds, les cheiks et les plus riches portent parfois des savates rouges. Les femmes des harems ont des babouches brodées d'or qui ne leur recouvrent que l'orteil et avec lesquelles elles ne peuvent marcher qu'en traînant le pied.

A l'heure de la sieste, alors que, Français et Arabes, tout le monde dort, hors le marchand dans son échoppe, j'aime aller errer sous les Soucks ; il y fait frais : la foule a disparu, on ne rencontre pas un Européen. Alors je me délecte à me sentir seul parmi ces sectateurs du Prophète, je me reporte mieux aux couleurs orientales des temps d'autrefois ; il me semble être au milieu des bazars des Mille et une Nuits. Quelque rayon du soleil passe à travers quelque fissure de la voûte : l'air poudroie et l'imagination s'illumine.

Souvent encore, pendant les heures de repos, je monte sur une petite colline artificielle qui domine la ville auprès de notre camp, et de là, je considère Kairouan qui, au milieu de la plaine, à perte de vue, se réveille ou s'endort dans ses hautes et blanches murailles. Au dedans des murs, à certaines heures, mais rarement, c'est la vie, l'agitation, la volupté ; au dehors, et sans transition, la solitude morne et sauvage.

En face de la ville, le regard se perd dans un horizon sans bornes : c'est de ce côté que le soleil se lève en toute sa splendeur, plus beau et plus lumineux dans le lointain de ces sables qu'il ne l'est dans le lointain de la mer. Puis, à l'opposé, l'astre radieux, après avoir éclairé la blanche ville, se couche derrière une chaîne de montagnes qui s'élèvent là-bas dans l'inconnu. Pendant quelques minutes, les coupoles des marabouts et les tours des mosquées paraissent teintes en rose, puis tout se confond, on ne distingue plus que des formes indécises et Kairouan se repose dans le silence du soir.

Le matin, au chant du coq, les prêtres de Mahomet montent sur les plates-formes des minarets, et là, d'une voix vibrante, ils récitent la prière et invitent les musulmans fidèles à adorer Dieu. Le muezzin de la mosquée de Sidi-Okba, agitant un étendard rouge, commence le premier son invocation, et par-dessus la ville, les autres muezzins répètent ses paroles ; cela fait comme une traînée de voix qui s'en vont se perdre dans le lointain avec le muezzin le plus éloigné. Ces voix éclatant dans l'espace, par le silence matinal d'une cité endormie, produisent un effet étrange, effet d'autant plus mystérieux que la langue incompréhensible paraît bien sauvage et bien rauque dans ce désert.

A l'aurore, les portes de la ville sont encombrées par la sortie de chameaux, d'ânes et de moutons qui ne reviennent que le soir au coucher du soleil.

Pendant le jour, alors que la chaleur est accablante,

on voit çà et là, dans les rues tortueuses, des Arabes couchés nonchalamment à l'ombre et restant ainsi des heures entières sans remuer et peut-être sans penser davantage.

A de rares intervalles seulement, on rencontre des femmes qui se cachent aussitôt la figure sous un long voile et s'enfuient, comme si un chrétien les pût profaner en les regardant.

Pour tout résumer, l'aspect général de Kairouan fait éprouver un certain sentiment de mélancolie indicible. Avec ses mosquées nombreuses qui semblent aussi pensives qu'elle, la Ville sainte paraît dormir, comme pour oublier dans le sommeil l'ennui d'avoir été construite en un pareil désert. Elle dort sous l'immensité profonde d'un ciel de plomb et elle ne se réveille un peu le soir que pour rêver à la clarté des étoiles ou chanter au son des tam-tams des cafés maures ; puis elle se rendort pour se réveiller de nouveau quelques minutes à la fraîcheur du matin. C'est presque une somnolence continuelle de l'Islam stationnaire et décrépit.

Les Français seuls, avec leur insouciante légèreté, donnent à cette ville un mouvement d'entrain et de gaieté qu'elle n'a jamais connu.

VIII

UNE MARCHE VERS EL-DJEM

Le 12 décembre, nous partons de Kairouan pour aller faire une reconnaissance de dix-huit jours dans le désert et soumettre la forte tribu des Souassis.

Je suis heureux : cela est si bon de chevaucher à l'aventure dans un pays inconnu !

Nous sommes huit cents hommes, conduits par le colonel Moulins, chef brave, intelligent, détestant les Arabes et aimant ses soldats. Nous l'aimons aussi et, avec lui, les étapes sont supportées sans fatigue.

Je commande cinquante indigènes réquisitionnés avec leurs arabats pour porter nos vivres. Ces indigènes sont paresseux et il faut souvent user du bâton pour les réveiller. Je n'y manque pas et la cravache, en ce moment, est mon arme la plus utile. Étant arrivé à me faire obéir au moindre signe, je suis plus libre pour me livrer à mes réflexions, étudier le pays et voyager en artiste autant qu'en soldat.

La plaine est sans bornes. J'éprouve un sentiment de fierté avec un peu de mélancolie en considérant ce petit nombre d'hommes, ce petit nombre de Français qui, loin de leur patrie, seuls, s'avancent vers un horizon qui recule toujours.

Et l'on est gai ; l'on se sent grand parce qu'il y a des périls inconnus à vaincre.

Le soir, lorsqu'on a rencontré une citerne, la colonne s'arrête. Les emplacements du camp sont vite désignés : tout le monde se disperse comme les fourmis au travail : les uns élèvent les tentes, les autres font boire les chevaux, d'autres se procurent du bois qu'ils apportent aux habiles chargés de faire la cuisine. Deux heures après, tout le camp s'endort sous la garde des postes établis et aussi sous la garde de Dieu.

Parfois, tandis que tout le monde est endormi, plusieurs de mes camarades et moi, nous nous procurons une certaine quantité de cognac que nous versons dans une grande écuelle de campement, et un punch flambé joyeusement sous le ciel étoilé, dans le mystérieux silence de la plaine, au milieu de la brise discrète d'une nuit tout illuminée, telles que le sont ces belles nuits d'Afrique..., et nous parlons de la France, tandis que peut-être, au loin, des Arabes nous épient pour nous surprendre demain... Quelle poésie que cette poésie militaire !... Puis nous nous endormons d'un sommeil qui ne pense pas au danger et, le lendemain, on repart : où ? Le colonel le sait, cela suffit. Cet inconnu de la marche est un charme de plus qui fait rêver à des aventures mystérieuses et inattendues.

Telle est, en général, notre vie ; elle m'enivre.

Que de beaux levers et de beaux couchers de soleil on admire dans ces déserts ! La terre alors semble être un océan rose qui nous fait ressouvenir de l'océan bleu qui nous sépare de notre pays.

De temps en temps nous rencontrons, semblables à des îles verdoyantes, des oasis plantées d'oliviers, de cactus, d'aloès, de figuiers et de palmiers, au milieu desquels s'élèvent des douars arabes avec leurs tentes en poils de chameaux. Ce sont des lieux enchantés qui reposent des grandeurs de la vaste plaine ; ce sont les plus doux sourires de la nature sur le front sauvage du désert.

Le 15 décembre, nous marchons toute la journée sur un terrain détrempé par les pluies récentes. Nous arrivons au douar de Kerker, joli nid de verdure dans lequel habite toute une tribu qui se soumet et nous paye, en moutons et en grains, des frais de guerre.

Le 16, après avoir marché quelque temps dans la grande solitude, nous apercevons là-bas, à vingt kilomètres de distance, un colosse grisâtre qui coupe en deux l'horizon lointain. Je m'informe, et j'apprends bientôt que ce sont les ruines des arènes d'El-Djem, l'ancienne Thysdrus romaine.

Comme ce pays a changé ! car les Romains n'ont pas construit de pareils monuments dans un désert, mais bien sur une terre si féconde qu'on la nommait le grenier de l'Italie.

Durant les vingt kilomètres qui restent à parcourir, je ne puis détacher mes regards ni ma pensée de ces ruines gigantesques, qui, à mesure que l'on avance, se découpent de plus en plus sur le ciel bleu.

Les Arabes ont cru pouvoir se défendre avec succès au milieu de ces ruines ; ils ont construit des palissades dans des allées creuses bordées de cactus ; mais, au dernier

Les Arènes d'El-Djem (voir page 105).

moment, ils n'osent plus et se rendent. Nous défilons au pied du Colisée africain et nous allons camper sous les oliviers, très nombreux dans cet admirable paysage.

Nous restons plusieurs jours à El-Djem, afin de recevoir les hommages de toutes les tribus environnantes, qui viennent avec leurs chameaux chargés de présents, de tapis, d'étoffes de soie, etc.

Oh ! les beaux jours où l'on se sent ainsi les maîtres !

Nous sommes huit cents hommes, seuls, loin de tout pays ami : mais cette petite troupe, c'est la France qui passe : Arabes, inclinez-vous !...

Durant ces journées de campement, je vais passer de longues heures parmi les ruines, et surtout au milieu des arènes grandioses mieux conservées que celles du Colisée de Rome. On peut monter jusqu'au faîte. Les gradins et les voûtes sont conservés. Trois rangées de galeries superposées communiquent entre elles par des escaliers et des arcades d'un granit indestructible. Ces galeries sont écrasantes et impérialement belles : elles sont vastes comme devaient être les œuvres des vainqueurs du monde. Je m'y promène avec enthousiasme, j'en étudie chaque pierre et j'y reviens sans cesse, car j'aime à la folie ce qui est grand. Or ils sont grands ces débris, et le désert n'est pas trop immense pour les encadrer.

Nous exécutons des fouilles en faisant sauter certaines parties du terrain avec de la dynamite et l'on découvre les traces d'un temple de Jupiter. Un chapiteau corinthien en marbre blanc de deux mètres de hauteur excite notre étonnement. Quel devait être le fût de la colonne qui supportait un pareil bloc !

Mais je reviens toujours avec ivresse dans le grandiose amphithéâtre où je me surprends à penser durant des heures entières. Quelles pensées !... O ruines, à présent, le vent passe seul en soupirant dans vos larges galeries ; l'oiseau de la solitude vient se poser en silence sur ces gradins où tant de passions s'agitaient autrefois ; l'Arabe abrite son chameau sous vos arcades ; le palmier pousse dans les fissures de vos pierres énormes qui ont ensanglanté les mains de tant d'hommes et, seules maintenant, rêveuses au milieu du désert, vous paraissez être devenues le tombeau de tous ces cœurs qui ont battu dans votre enceinte !

Un soir, le colonel, sachant qu'un soldat possède un cor de chasse dont il joue parfaitement, le fit monter au sommet des arènes pour y exécuter quelques sonneries. Il était dix heures. Déjà les lumières étaient éteintes dans les tentes ; beaucoup d'hommes commençaient à s'endormir... Tout à coup, au milieu d'un silence profond, retentit le son mélancolique du cor : il était lent, comme s'il sortait des ruines après un long sommeil : puis, s'apercevant sans doute qu'il est libre au milieu de l'espace, il éclate, il plane et se répand aux quatre coins de l'horizon.

Tout le camp se réveille ; tous écoutent religieusement, amoureusement.

La nuit est splendide ; le ciel est profond et la lune est vraiment reine. Pendant une heure, tout est mystère, poésie, enivrement, harmonie... Puis le cor sonne un dernier bonsoir ; il envoie une dernière note, un dernier baiser à la lune, et un silence plus solennel inonde de nouveau l'immensité.

Dites si, dans de pareils moments, on n'oublie pas toutes les fatigues, si l'on n'est pas heureux d'être homme, d'être soldat, d'être en campagne ?...

Pendant les longues heures de repos et de rêverie que je passe au milieu des arènes, mon âme enthousiasmée ressent en elle les frémissements d'une lyre, et je me surprends à ébaucher la poésie suivante, à laquelle je mis la dernière main quelques jours après, durant une étape à cheval :

EL DJEM

Sous le soleil d'Afrique, en un désert immense
  Où tout va se flétrir,
  Où tout semble mourir,
Où l'horizon lointain sans cesse recommence
  Sous un ciel toujours bleu,
  Où l'herbe n'est plus verte,
  Où l'espace est en feu
  Dans la plaine entr'ouverte,
Sous l'airain de ce ciel est un site enchanteur
Tout petit, mais si beau qu'il fait dans sa senteur
  Renaître encor l'âme ravie
  En un doux songe aux ailes d'or.
  L'oiseau reprend, là, son essor
  Et sa chanson de libre vie ;
Là, grandit le cactus ; là, fleurit l'olivier ;
Et l'Arabe établit sa tente et son foyer
Dedans cette oasis, verdoyante ceinture,
  Frais sourire de la nature.

Mais ce qui vint surtout éblouir mon esprit
Et vint l'illuminer de profondes pensées,
Ce fut, parmi ce site où tout rêve et sourit,
Un amoncellement de voûtes élancées,

Grandioses débris d'un théâtre romain,
Spectres de ce désert, ruines colossales
Debout encor, laissant tomber dans le chemin
En larmes de granit leurs pierres sculpturales.

Sur une galerie aux contours spacieux,
Une arène aujourd'hui que le chameau fréquente,
Dresse de fiers piliers qui font fleurir aux cieux
D'antiques chapiteaux au feuillage d'acanthe.

Là, pousse l'aloës. Près d'un marbre cassé,
Un palmier solitaire étend ses tiges vertes ;
Et l'on peut lire encor les grandeurs du passé
Sous les arceaux géants aux fissures ouvertes.

Ami des souvenirs, sur ces nobles débris
J'aimais venir m'asseoir et rêver en silence,
Croyant entendre encor les bravos et les cris
D'un peuple tout entier qui vers le sang s'élance.

    Ruines romaines, vos voix
    Sonnent vibrantes dans mon âme,
    Et je sens mon cœur qui s'enflamme
    Aux grands souvenirs d'autrefois.

Mais de tous ces plaisirs, de toute cette gloire,
De toutes ces splendeurs dans une nation,
Il n'est plus ici-bas qu'une grande mémoire
Qui brille et fait rêver l'imagination.

Sous le souffle du temps la ruine brunie
Révèle un grand travail avec un grand génie ;
Mais elle dit aussi que tout est vanité,
Que Dieu seul est puissant, que l'univers l'adore,
Et, quand l'homme a vécu, Lui règne et vit encore.
A l'homme est la durée : à Dieu, l'Éternité !

Pierres, marbres brisés des ruines romaines,
Roulez dans le désert sous votre ciel de feu,
Et redites toujours aux puissances humaines
Qu'il vécut un grand peuple et qu'il est un grand Dieu !

Le 21 décembre, à six heures du matin, le camp est levé : nous partons. Je jette un long regard d'adieu sur les ruines d'El-Djem, qui, après le départ de notre bruyante troupe française, vont se replonger dans leur silence solitaire, silence troublé de temps à autre par la chute d'un débris tombant comme une larme de pierre versée sous l'étreinte du Temps sans pitié.

Ruines, adieu ! Nous vous quittons, car l'espace s'ouvre devant nous et il faut marcher.

O ruines grandioses, ne nous regrettez pas ; vous avez votre beau ciel bleu pour vous contempler, en attendant que d'autres voyageurs viennent à leur tour vous animer de leur vie et de leur enthousiasme.

Toute la journée, nous chevauchons dans le désert sans incident remarquable et, à cinq heures du soir, nous dressons notre camp à Sidi-Lazarech, sur les bords du lac Gouhara.

Le 22, nous longeons le grand lac Gouhara pendant une quinzaine de kilomètres et nous campons dans la plaine, à Enchir-Lahira.

Le 23, toujours la plaine immense ! Et, depuis que nous marchons ainsi, rien ne vient interrompre l'éternelle ligne droite de l'horizon ; pas un Arabe, pas un chameau, pas un palmier ! rien, rien que les vagues continues d'une terre sans bornes ! Si l'on était seul, il y aurait de quoi mourir, écrasé sous ce poids de l'immensité ; mais, devant notre petite troupe, cette même immensité se revêt de charmes enivrants. Nos cœurs sont remplis d'une impression sauvage, qui a des grandeurs inconnues en Europe, et nous sentons le besoin de nous aimer et de nous aider, ce qui ajoute encore à la satisfaction de l'âme humaine.

Nous sommes suivis par un troupeau de deux mille moutons, produit d'une grande razzia faite aux environs d'El-Djem. La queue de ces animaux est large, épaisse, traînante jusqu'à terre et renferme assez de graisse pour faire cuire toutes les parties de la bête. C'est ainsi que la Providence a pourvu aux commodités de ces voyages au long cours dans les solitudes africaines, où il n'est pas toujours facile d'emporter avec soi des provisions qui se puissent conserver; les moutons emportent avec eux leur graisse et celle-ci, au moins, ne fond pas en route.

Chaque cavalier accroche derrière sa selle les peaux des moutons mangés, en sorte qu'au lieu de coucher sur la terre nue, nous avons sous nos tentes de moelleux tapis de laine. Rien n'est perdu en campagne, et nous utilisons jusqu'aux caisses vides de biscuits, afin de faire le feu pour chauffer le café.

Parfois aussi ces caisses à biscuits sont d'un usage plus funèbre : elles servent à faire des cercueils pour ceux qui meurent de fièvre ou d'insolation, et qu'on enterre le plus profondément possible, afin que les chacals ne viennent pas les dévorer. Le désert est ainsi semé de nos compagnons morts, que nous sommes forcés d'abandonner loin de la terre amie de France, seuls, disparus sous le sable, comme le sont sous les flots ceux qui meurent en mer.

Le 24, nous retournons en arrière, à droite du lac Gouhara, et nous couchons à Kars-el-Maïds. C'est dans cette solitude que, demain, nous devons passer la journée de Noël.

Tout le pays est abandonné et nous ne trouvons qu'une mare d'eau croupissante pour faire boire nos chevaux et boire nous-mêmes.

Tout près sont plusieurs tombeaux, entourés de quelques pans de vieilles murailles romaines, que nous faisons

Tente en poil de chameau.

sauter à la dynamite, pour voir si, aux alentours, il n'y aurait pas quelques silos remplis de grain.

Le soir, après la soupe, le colonel nous avertit de nous tenir sur nos gardes, car un grand nombre d'Arabes sont signalés et nous serons peut-être attaqués. Cela nous rend gais, et, couchés sous nos petites tentes, nous causons des joyeux réveillons de Noël de France et des vibrantes harmonies des cloches de minuit; puis nous nous consolons de n'être pas à ces fêtes, en songeant que peut-être nous allons réveillonner avec la poudre.

Notre attente est trompée; la nuit se passe dans le plus grand calme et, le lendemain matin, quatre mille Arabes de la tribu des Souassis viennent faire leur soumission et défilent devant nous avec leurs campements, leurs chameaux, leurs ânes et leurs femmes; puis ils vont établir leurs douars sur un espace de dix kilomètres.

A six heures du soir, c'est à notre tour de visiter la tribu soumise, et tous les cavaliers de la colonne partent au galop derrière le colonel qui s'arrête à chaque douar pour parlementer. Pendant ces temps d'arrêt, nous considérons à loisir les femmes arabes qui se chauffent, accroupies devant le feu de leurs gourbis. Ces femmes placent les doigts sur leurs lèvres et poussent des houloulements de bienvenue prolongés; les chiens kabyles y répondent en aboyant furieusement, et tous ces cris forment un concert sauvage qu'emporte au loin la brise du désert.

A huit heures, la lune brille dans toute sa beauté et, sous ses rayons, nos armes étincellent et jettent des éclats mystérieux sur les grandes ombres de nos chevaux.

Jusqu'à dix heures, nous continuons notre galop de douar en douar; nous sommes exaltés par cette course furibonde, et les Arabes, qui aiment de pareils spectacles militaires, se soumettent plus volontiers à nous.

C'est par cette brillante fantasia que se termine la journée de Noël.

Le lendemain, nous quittons Kars-el-Maïds, suivis par toute la tribu des Souassis, que nous emmenons à Kairouan.

Le 27, comme je suis à l'arrière-garde de la colonne, un goum vient me faire signe que Myloud, mon bachamar (c'est-à-dire celui qui me sert d'interprète auprès de mes cinquante indigènes), est resté en chemin parce qu'il est ivre : « Viens, me dit-il, car les dissidents peuvent surprendre Myloud et le tuer. »

Sans réfléchir, je tourne bride aussitôt et je suis le goum au galop pendant quelques centaines de mètres ; tout à coup je tombe au milieu d'un grand nombre d'Arabes cachés par un repli de terrain. Ils m'entourent, me donnant des témoignages d'amitié et me faisant signe de descendre de cheval. Mais je connais assez le caractère arabe pour m'apercevoir aussitôt que mon goum a menti ; que, du reste, ce traître a disparu, et que je suis tombé dans une embûche par mon étourderie.

Ils me présentent un lièvre, en m'invitant à mettre pied à terre : ils voulaient ainsi me tuer, selon leur coutume, à coups de couteau, car un coup de fusil, répercuté dans le désert, eût probablement averti la colonne française. Gardant alors tout mon sang-froid et faisant semblant de ne pas voir leur ruse, j'attache solidement le lièvre aux sacoches de ma selle, tout en tenant mon revolver dirigé vers les Arabes les plus rapprochés de moi. Puis je leur fais entendre que je vais revenir avec de l'argent pour acheter d'autres lièvres. Alléchés par l'espoir de l'argent, ils me laissent aller. Je pique mon cheval et je sors du cercle ennemi.

Mais, pendant tout ce temps, la colonne a continué sa marche et a disparu. Je ne vois plus alors autour de moi que l'immensité de la plaine, sans un arbre pour me reconnaître, sans un chemin tracé. Je suis désorienté, égaré. Durant quelques secondes, une angoisse mortelle me serre le cœur, à la pensée d'être perdu dans ce désert. Le sang monte à ma tête et bourdonne à mes oreilles. Mais tout cela ne dure pas le temps de le raconter. Je recouvre aussitôt ma présence d'esprit, et je songe à me confier en l'instinct de ma jument. Je lui enfonce mes éperons dans les flancs et lui lâche les rênes en disant : « Va où tu veux, ma Nadège ! » Le nez au vent, elle prend le galop et, quelques instants après, j'aperçois la colonne française qui se déroule au loin. C'est la patrie qui semble m'ouvrir les bras.

Ce jour-là, Nadège m'a sauvé.

Je laisse à penser avec quel entrain, le soir, à l'étape, nous mangeons le lièvre, en nous moquant joyeusement des Arabes.

Le 28 décembre, n'ayant plus de vivres pour nos chevaux, nous reprenons la direction de Kairouan, où nous arrivons le 30, à cinq heures du soir.

C'est par cette belle promenade militaire de dix-huit jours que nous terminons enfin l'année 1881

IX

ENCORE QUELQUES MOIS A KAIROUAN SIDI-EL-HANI. — RETOUR A SOUSSE

C'est en janvier, le mois des grandes pluies que, durant plusieurs semaines, le beau ciel perd son azur et sa profondeur sous les nuages sombres. Alors l'eau s'amasse autour de Kairouan qui n'est plus entourée que de lacs et de boue dans lesquels on perd pied. Quelques jours après notre retour d'El-Djem, nous entrons dans cette triste saison des grandes pluies. Le voyageur n'arrive alors à Kairouan qu'avec de grandes difficultés, et les habitants n'en sortent pas. L'Oued-Zéroud déborde et se répand dans la plaine. On se trouve comme isolé du reste de la régence.

On essaye bien parfois de lancer quelques colonnes pour ravitailler Sidi-el-Hani ou pour chercher de l'orge dans les silos abandonnés : mais les chevaux enfoncent dans les bourbiers ou dans les fondrières ; les arabats ne peuvent plus avancer, les mulets s'abattent, et nous sommes obligés de regagner nos camps après avoir abandonné une partie de notre matériel. Inaction forcée.

Durant cette époque noire, notre existence n'est marquée par aucun incident extraordinaire ; les Arabes sont tranquilles et en apparence soumis ; nous vivons de la vie ordinaire et monotone du service régulier de chaque jour.

Nos tentes se dressent sous les murs crénelés de la ville, auprès d'un abreuvoir qu'un Arabe, aidé d'un chameau, remplit tous les matins avec une peau de bouc.

Heureusement nous sommes dans un pays où tout nous intéresse par la nouveauté, car la tristesse de ces journées, qui se succèdent sous une pluie continuelle, serait désespérante.

Beaucoup de faits se passent quotidiennement sans mériter une longue narration. C'est, par exemple, un Arabe que j'aperçois, solitaire, auprès d'un marabout. Il creuse une fosse, tandis qu'une sorte de paquets de chiffons est jeté à côté. Je m'avance par curiosité, et je vois que ce hideux paquet est sa femme morte qu'il enterre ainsi comme un chien.

Pauvre femme musulmane! Pendant sa vie, elle est traitée par son mari comme une bête de charge, comme un être d'un degré inférieur ; toujours enfermée au logis, elle sort rarement, et, dans ce cas, est presque toujours accompagnée, au moins de loin, par son maître et mari. Souvent l'Arabe vient avec sa femme à la citerne : il la regarde puiser de l'eau sans songer à l'aider. Elle pose ensuite la lourde gargoulette sur son épaule et, lorsqu'elle est ainsi bien chargée, l'Arabe la fait marcher devant lui et la suit. S'il possède un âne et qu'il aille chercher du bois ou quelque autre provision, il place le fardeau sur la femme et monte sur son âne, puis en route ! il trotte.

Et quand cette pauvre femme meurt, elle devient le paquet que je vois enterrer aujourd'hui !

Ce n'est pas par nos armes victorieuses que, nous Français, nous rendrons à la femme de ces pays la liberté et la grandeur morale : ce sera uniquement, souvenons-nous en bien, par le christianisme.

Il n'y a plus maintenant seulement des Arabes tunisiens à Kairouan la Sainte, il y a aussi depuis quelques semaines des Juifs tunisiens qui, comme une invasion d'oiseaux de proie, arrivent faire le commerce, voler et trahir là où ils n'eussent jamais osé mettre le pied, sans nos troupes. Les Juifs de ces pays sont vils et lâches : mais aussitôt qu'ils sentent quelqu'un derrière eux pour les empêcher de craindre, ils deviennent fiers et arrogants. Nous avons tracé la route, nous avons eu l'honneur de prendre Kairouan et de soumettre les indigènes, la paix est presque faite ; il n'y a plus de danger à courir : alors le Juif arrive ; il ne craint plus l'Arabe du désert puisque les Français sont là, et lui seul désormais, « le youtre » comme nous l'appelons, il va accaparer le monopole du commerce kairouannais et s'emparer de tout le profit de notre victoire.

Un jour, allant acheter des pommes de terre pour les hommes de ma compagnie, je m'adresse forcément à un Juif, car il n'y a qu'eux ici qui soient parvenus à en avoir. Je fais le prix et je donne l'argent convenu avant que mes hommes aient achevé d'enlever les sacs. L'argent empoché, le Juif aussitôt ne veut pas laisser emporter le reste des sacs, prétendant n'avoir point été payé. Furieux de cette mauvaise foi, je le saisis au collet, je lui crache à la figure et lui administre sur le dos quelques bons coups de la poignée de mon sabre. Il s'enfuit. J'apprends ainsi à connaître cette race maudite. Un Arabe aurait été plus réservé que moi : il se serait contenté, comme je l'ai vu plusieurs fois, de cracher par terre, car il craindrait de se salir en touchant la peau d'un Juif.

Le 31 janvier, grande fête du Mouled ou anniversaire de la naissance de Mahomet. Les mosquées sont illuminées. Pendant trois jours, ce ne sont que chants, danses et tam-tams. C'est une harmonie délirante et fanatique.

Au commencement de février, il y a une innovation. Un cantinier vient fonder un cercle de sous-officiers. J'y vais avec trois collègues et, depuis longtemps n'étant plus habitués à pareil luxe, nous nous attardons à causer et à lire jusqu'à trois heures du matin. Malgré toutes nos précautions pour rentrer au camp sans être aperçus, l'adjudant nous guette et nous surprend. Le lendemain, le capitaine nous punit de huit jours de prison, punition sévère mais qui se comprend sur une terre ennemie où tout doit rester dans l'ordre plus qu'ailleurs. On nous construit à chacun une tente à 20 mètres en dehors du camp, sur les bords d'une colline où croissent de nombreux cactus. De là, on peut rêver à son aise en contemplant la plaine immense qui s'étend comme une mer jusqu'à l'horizon ; rien ne borne la vue et, au lieu de voiliers fendant les ondes, on voit de temps en temps le blanc burnous d'un Arabe dont le cheval rapide disparaît bientôt dans la vaste solitude ou dont le chameau s'avance lentement, le chameau ce vaisseau du désert.

Cette immensité, dont je ne me lasse jamais, me ravit; une poésie sauvage chante en mon âme. Quelle bonne prison ! huit jours de rêve et de repos !...

Tous les dimanches, la musique des chasseurs joue sur la tour de la Casbah ; elle nous rappelle les concerts de France. Les notes, en s'envolant dans l'espace, nous paraissent d'autant plus harmonieuses qu'on se figure entendre les douces voix de la patrie venant caresser les oreilles de ses enfants.

C'est ainsi que s'écoule la vie du camp durant la mauvaise saison.

Enfin les pluies cessent, une végétation luxuriante s'élève en quelques jours, de hautes herbes poussent avec vigueur et pendant six semaines nos chevaux se baignent dans un véritable océan de verdure dont les flots embaumés s'agitent sous la brise et forment, jusqu'à perte de vue, des sillons mouvants qui ruissellent de fleurs champêtres. Nous jouissons de ce splendide épanouissement avec d'autant plus d'ardeur que dans peu de semaines tout sera brûlé de nouveau par le soleil : alors le désert reprendra sa désespérante aridité.

C'est au milieu de ces herbes qui s'élèvent jusqu'au poitrail de nos chevaux que nous recommençons nos étapes et nos convois.

Bientôt le soleil redevient roi de l'espace. Nous voyageons sous un ciel d'une inaltérable sérénité et chaque fois que nous revenons à Kairouan nous retrouvons toujours la Ville sainte assoupie dans son éternelle torpeur : la chaleur l'accable, ses soucks seuls respirent un peu de fraîcheur. Cependant le Kairouannais ne dort pas toujours ; parfois il s'en va près de la porte de Tunis s'as-

Kairouan. La place du Marché en dehors des remparts et endroit de réunion autour du Conteur arabe (voir page 124).

seoir sur un petit monticule à l'ombre des remparts : il vient entendre des contes.

C'est là que souvent je suis témoin du goût de l'Arabe pour les longues histoires. Tous les auditeurs s'assoient en cercle par terre. Les rangs et les conditions se confondent, le marchand vêtu de soie et coiffé du turban jaune, le pèlerin de la Mecque orné du turban vert se mêlent au chamelier en guenilles et aux enfants vêtus de tuniques bleues ; ceux-ci sont aussi graves que les vieillards quand ils viennent écouter le conteur.

Sur l'imagination encore neuve de l'Arabe, le conteur exerce un grand attrait, un charme irrésistible. Ces troubadours orientaux parcourent les villes et sont accueillis avec d'autant plus de joie, que les peuples d'Afrique, très nonchalants sous les splendeurs de leur climat, aiment se laisser bercer par d'interminables et merveilleux récits.

Quelquefois c'est pendant la nuit que la voix du conteur se fait entendre ; l'assistance alors quoique non moins pittoresque est beaucoup moins nombreuse. Les auditeurs s'assemblent devant un café maure près de la citerne M'Sléa, à la porte Djelladine ; ils s'accroupissent sur des nattes ; on voit alors toutes ces chéchias rouges et ces jambes bronzées former un curieux tableau, éclairé par le ciel étoilé, auquel s'adjoint le blafard rayon d'une mauvaise lanterne. Certains Arabes fument gravement le kif ; les autres aspirent les parfums d'un bouquet de jasmin qu'ils placent ensuite sur l'oreille ; tous écoutent dans le plus profond silence ne sortant de leur immobilité que pour humer une gorgée de café odorant. Et la voix du conteur s'élève dans l'ombre et se fait entendre jusqu'à une heure très avancée au milieu de la reposante fraîcheur de la nuit.

Mais la réunion la plus intéressante est celle qui a lieu en plein jour : c'est alors que toutes les imaginations vont s'exalter aux aventures enchantées, aux récits embrasés auxquels s'ajoute l'éclat d'un ciel transparent parmi des ruissellements de lumière.

En peu de temps un grand nombre d'Arabes sont réunis. Seules sont absentes les femmes qui, selon la coutume, restent à la maison, car la vie publique leur est interdite.

Le conteur s'avance gravement au milieu du cercle, jette son bâton, se débarrasse de son burnous et enlève ses sandales. Il ne conserve que son turban et une courte tunique blanche relevée à la taille par une ceinture en poils de chameau. Ses jambes nues sont couvertes de poussière : on voit que ce troubadour est un voyageur éternel.

Tous les Arabes sont accroupis sur le monticule aride ; ils attendent, patients et silencieux ; c'est biblique et patriarcal. Derrière eux sont les hautes murailles crénelées de la ville ; en face s'étend l'immensité de la plaine ; au-dessus la sérénité de l'azur.

Le conteur commence. Tous deviennent immobiles. Longuement le récit se déroule sans hésitation, sans secousse, avec un calme imperturbable. Les histoires de guerres succèdent aux récits d'amour ; l'orateur, avec une éloquence infatigable peint d'un trait la mort tragique d'une sultane ou décrit sa suave beauté : nul ne laisse voir ses impressions, pas un mouvement sur ces visages. Mais cette immobilité que l'Européen prendrait pour de l'indifférence prouve une attention soutenue portée au suprême degré que le conteur connaît bien et qui l'inspire. Aussi plus il parle, plus ses paroles sont convaincues : il se plonge tout entier dans son sujet. Tous le suivent avec avidité, leurs yeux sont ardents, leurs lèvres entr'ouvertes. Un feu brûle ce sang africain. Et l'orateur poursuit toujours et l'éloquence de ses gestes donne à son corps un mouvement ondoyant d'une ravissante harmonie.

Dans cette plaine infinie, où pas une brise ne remue dans l'air pesant, la ville silencieuse semble poursuivre son lourd sommeil tandis que le seul souffle de vie est concentré vers un petit coin des remparts sur le front d'un seul homme, le conteur, tenant suspendus à son charme tous ces Arabes qui ont oublié la réalité pour voguer avec amour dans les splendides féeries de l'imagination.

Et le conteur parle toujours, s'excitant de plus en plus, sa parole vibre, ses yeux s'inspirent ; il avance, il recule, il se baisse, il se relève droit et fier selon les mouvements de récit ; son corps souple et à demi nu se plie et se replie sous l'action enthousiaste de ses émotions et de ses sentiments ; ses auditeurs, charmés autant par sa vue que par sa voix sont toujours immobiles, attentifs, sans fatigue, enivrés.

Puis, lorsque le soleil est peu à peu descendu et se repose sur le sommet des montagnes, dans le lointain de l'horizon tout auréolé d'or, le conteur se tait. Il remet lentement ses sandales jaunes, se drape dans son burnous, reprend son bâton et s'en va.

Ces scènes si primitives du conteur m'ont laissé une

impression qui se présente toujours devant mes yeux lorsque je pense à Kairouan, cette ville étrange, où l'on ne se sent pas vivre comme ailleurs.

Enfin le mois de juin arrive. Sous les chaleurs tropicales, beaucoup d'hommes sont malades des fièvres, et notre compagnie reçoit l'ordre de se rendre à Sousse, sur les bords de la mer, en un climat plus sain.

Par une journée splendide, nous quittons Kairouan et faisons halte quelques instants à l'Oued-Zéroud. Après avoir traversé le lit sablonneux de ce torrent, nous nous retournons et déjà les remparts, les terrasses et les mosquées ne nous apparaissent plus que confusément dans une blancheur ensoleillée. Puis le minaret de Sidi-Okba s'élève seul au-dessus de la plaine ; bientôt il disparaît à son tour : dans les profondeurs du désert, la ville musulmane, la sainte, s'est pour toujours évanouie à mes yeux.

Le soir, nous campons à Sidi-el-Hani, sur le penchant de cette colline où nous nous sommes arrêtés, il y a quelques mois, avant la prise de Kairouan. L'aspect du pays a changé, c'est une métamorphose complète. Là, où nous n'avions vu qu'une plaine nue, nous voyons aujourd'hui un lac immense entouré de la verdure la plus fraîche. Ce sont les grandes pluies qui ont formé ce lac que le soleil embrasé n'a pu encore dessécher. Les fleurs sauvages émaillent ses rives. Une senteur exquise vole dans l'air et parfume l'atmosphère ; on sent comme une ivresse qui vous envahit l'être entier ; on jouit d'une nature si délicieuse qu'elle ne devait pas être plus suave dans l'Éden. Est-ce donc là cette contrée si aride que nous avons traversée il y a sept mois ? Une baguette magique semble avoir transformé ce désert ; je ne le reconnais plus. Quel printemps enchanté !

Puis la nuit tombe, claire et calme ; les étoiles se reflètent dans l'onde ; une brise souffle, douce et caressante. Pendant une heure, j'entends les hommes, très bons soldats, mais très peu poètes, rire, boire et causer sous leurs tentes. Bientôt la trompette s'élève, vibrante dans l'espace : elle sonne le mélancolique couvre-feu et, peu à peu, les lumières s'éteignent, les voix se taisent, le camp s'endort.

Je m'avance alors auprès du lac, dont les flots brillent dans la nuit, comme une nappe d'argent. Tout est repos et enchantement ; les mêmes parfums qui dans la journée erraient au milieu des airs, embaument encore le silence nocturne. Je m'assieds et je considère longuement ce spectacle. Tout est tranquille dans la nature en cette délicieuse nuit de printemps ; et cependant il peut surgir à chaque moment une bande d'Arabes qui ne cessent de sillonner le pays. Comme ce doux enivrement alors serait changé ! Toutes ces mille voix si harmonieuses de la solitude se tairaient, tous ces bruissements du silence s'évanouiraient, et le bruit de la fureur des hommes troublerait ce repos si profond. C'est ce qui arriva quinze jours plus tard dans une rencontre, en ce même lieu, où l'un de mes camarades fut tué d'une balle au cœur.

Mais ces pensées de bataille s'enfuient bientôt loin de moi et, me confiant aux sentinelles qui veillent, je me plonge tout entier dans un rêve qui m'emporte vers un monde idéal qu'on ne connaît qu'à ces moments de l'existence où tout en nous est excité par une imagination vagabonde qui nage avec volupté dans tous les inconnus de la poésie.

Puis tout à coup ma belle France passe devant mes yeux et mon rêve me transporte dans mon Versailles que j'aime tant : je confonds cette royale cité, son château, son parc et son blanc peuple de statues avec la majestueuse nature africaine, et je me mets, sous l'inspiration, à composer la pièce de vers suivante :

>Je l'aimais bien le parc de mon Versaille.
>Ils sont si beaux ses marbres et ses dieux !
>A ta pensée encor mon cœur tressaille,
>O mon beau parc, souvenir radieux !
>
>Là, solitaire et sans route choisie;
>Tout baigné d'air et de fraîches senteurs,
>A pleine lyre on sent la poésie
>Couler à flots dans ces lieux enchanteurs;
>
>Et le poète à pleins rayons arrose
>D'idéal pur ces ombrages aimés.
>Des escaliers montent en marbre rose
>Vers des bosquets par la brise embaumés.
>
>Dans son feuillage aux arceaux fantastiques
>La verte allée, ouvrant son faîte clair,
>Semble former des ogives gothiques,
>Et l'on croit voir des temples en plein air.
>
>Du bassin blanc jaillit l'onde sonore
>Qui, d'arc-en-ciel reflétant les couleurs,
>En frais jets-d'eau dans l'azur s'évapore
>Ou vient tomber en perles sur les fleurs.
>
>J'étais heureux, alors que plein d'ivresse,
>Ne respirant qu'amour et liberté,
>Je venais, là, tout bouillant de jeunesse,
>Lire ou vaguer par mon rêve emporté.
>
>Amant ravi de la belle nature,
>Mon Lamartine ou ma Bible à la main,
>Sous le feuillage errant à l'aventure,
>Je m'égarais sans choisir mon chemin.
>
>D'enthousiasme, ô songe ! j'étais ivre;
>J'avais vingt ans, j'oubliais l'avenir.

Mon cœur battait, j'aimais m'écouter vivre ;
Ce temps est loin, pourquoi m'en souvenir ?

Qu'ils étaient verts ces bosquets pleins d'ombrages
Que doucement, pensif, je parcourais !
Là, le grand art par ses divins ouvrages
Peuple ce parc d'artistiques attraits :

A chaque pas, des dieux aux formes blanches
Charment les yeux de l'antique idéal ;
Ici, sourit Vénus parmi les branches ;
Diane, là, franchit son piédestal.

L'Air, de Lehongre, auprès de la charmille
Plane, perdant son regard vers les cieux.
Dans sa beauté la Nymphe à la Coquille
Mire au ciel clair son corps harmonieux.

Non loin de là, près d'une cascatelle
Un roc se creuse au bord d'un frais vallon :
Séjour aimé de la Muse immortelle,
C'est le Jardin, le bosquet d'Apollon ;

Dans une grotte imposante et coquette
Phébus assis, de nymphes entouré,
Livre à leur goût le soin de sa toilette
Avant sa course en l'espace azuré.

A ses côtés, un ruisseau sort de terre,
Chante et s'enfuit, caressé par le vent ;
Et moi, tout près, rêveur et solitaire,
J'aimais m'asseoir et méditer souvent.

Là, j'écoutais la voix mystérieuse
Du frais zéphyr qui soufflait sur ces eaux ;
Et la chanson de la source rieuse
Mêlait sa note au concert des oiseaux.

Je m'enivrais de rêver loin du monde
Dans ce beau lieu plein d'ombre et de fraîcheur ;
Je respirais l'air pur près de cette onde :
C'était la vie ! Elle embaumait mon cœur

. . . .

Qu'il était beau le parc de mon Versaille
Avec ses fleurs et ses bosquets ombreux !
Pourquoi faut-il que sitôt je m'en aille,
Laissant en lui tant de songes heureux ?....

Le lendemain matin, je quitte seul Sidi-el-Hani, envoyé devant par mon capitaine, afin d'arriver à Sousse plusieurs heures avant la compagnie pour avoir le temps de reconnaître les emplacements les plus favorables à notre nouveau camp.

Je me mets en route avant le lever du soleil, seul au milieu de l'aride étendue. Rien que le désert et le silence autour de moi ! Pas un arbre ne distrait mes regards errants dans l'espace. Et je galope. Tout à coup, à l'extrémité de l'horizon, le soleil apparaît, semblable à une boule d'or posée sur un coin de la terre, et, d'un bond géant, il s'élance dans le ciel qu'il inonde de clarté. C'est triomphal.

Je traverse ensuite une région où de magnifiques champs d'orge et de blé s'étendent à perte de vue ; çà et là, des Arabes ont construit leurs tentes : ils sont venus pour faire la récolte, puis, la moisson terminée, après avoir enfermé leurs grains dans de profonds silos, ces sauvages indigènes retourneront dans leurs douars lointains, les gourbis disparaîtront et la morne solitude régnera de nouveau dans la plaine vaste et nue. Je ne m'étonne pas que les Arabes soient presque toujours taciturnes ; cette vie nomade rend mélancolique et rêveur ; la poésie du désert est une poésie silencieuse qui se renferme dans l'âme et qui, si elle est cause de grandes pensées et si elle est tout illuminée de soleil, est aussi comme le désert lui-même, souvent aride et desséchée.

Enfin j'arrive à Oued-Laya. La région des oliviers commence. Vers sept heures et demie, j'aperçois une grande ligne bleue au bord de l'horizon et je m'écrie avec enthousiasme en me dressant sur mes étriers : « La mer !... » Oui, c'est la mer que j'aime tant. A huit heures, je suis arrivé à Sousse la Blanche. Grâce à la vigueur et au courage de ma belle jument, je n'ai mis que trois heures pour parcourir trente-cinq kilomètres.

X

MORT DE MA MÈRE. — VOYAGE EN FRANCE
RETOUR EN AFRIQUE

Dès le 7 juin, le surlendemain de notre retour à Sousse, je suis de nouveau envoyé à Kairouan pour y commander un détachement. Cette nouvelle ne m'est pas agréable, car j'aimerais mieux rester sur les bords de la mer. J'aime tant la mer ! Je pars et je reviens en la ville sainte que je croyais ne plus revoir. C'est là que, deux jours après, le 10 juin 1882, je reçois la navrante nouvelle de la mort de ma mère. O douleur ! ô mon Dieu, est-ce bien vrai ? ma bonne mère est morte ! Et c'est sous les murs d'une ville lointaine que j'apprends ce malheur qui a déjà dix jours de date. Ma mère morte ! Je l'aimais tant que je ne pouvais penser qu'elle pût mourir encore. Morte ! Mère, pauvre mère, je ne t'embrasserai donc plus ! Tu nous as quittés et je ne t'ai pas revue et tu ne m'as pas revu ! O maman, est-il bien vrai que tu sois morte ?

Pauvre mère, aurais-je cru que je te disais adieu pour la dernière fois il y a deux ans?

En apprenant cette nouvelle, je me roule sous ma tente en pleurant, je suis fou de douleur et je ne répète que ces mots : « Morte! Ma mère est morte! O mon Dieu, ne la revoir plus jamais! » Les sanglots me coupent la voix; mon cœur étouffe, mon gosier est gonflé, ma langue est paralysée, et je ne peux dire que cette parole terrible : « Morte! morte! O maman!... »

Enfin, n'ayant plus de forces, je me calme un peu et je cours chez l'aumônier militaire chercher des consolations et lui demander une messe pour l'âme de ma pauvre mère. Dieu est le seul refuge de ma douleur.

Puis je pense à mon père qui se trouve seul à présent. Comme il doit être accablé et comme il doit pleurer! Que va-t-il devenir? Ne mourra-t-il pas de chagrin, lui déjà d'une si faible santé?

La nuit vient avec son silence et son calme, et la douleur m'anéantit entièrement. Ma tête est en feu et je ne cesse de pleurer ma mère. Tout le passé me revient à l'esprit et les jours écoulés défilent un à un devant moi. Les moindres paroles, les moindres actes de ma mère sont présents à ma mémoire. Comme son cœur était grand! Comme sa vertu était pure! Comme elle était courageuse et combien elle m'aimait!

Tu me chérissais bien tendrement, ô mère chérie, et moi, quoique plein d'amour et de respect, je ne t'ai cependant jamais aimée autant que tu m'as aimé. Non; c'est impossible. Tu m'aimais tant et... tu es morte! Ce cœur si plein de tendresse ne bat plus; cette langue, qui me donnait de si bons conseils, est glacée; ces lèvres si douces et si souriantes ne se poseront plus sur mon front ; ces yeux bleus, si pleins de mélancolie et de bonté, ne me regarderont plus ; et moi, je ne te serrerai plus sur mon cœur, je ne goûterai pas la joie du retour, je ne te raconterai pas mes voyages et mes campagnes, je ne pourrai plus te dire que je t'aime, car ta tombe est déjà refermée ; et, lorsque je reviendrai, la maison sera vide ; il ne me restera plus qu'à unir mes larmes à celles de mon père.

Pauvre maman, morte ! Mes pleurs coulent sans cesse ; la douleur me suffoque, je puis à peine respirer. O mon Dieu, que la mort est cruelle ! Pourquoi ne m'avez-vous pas fait revoir ma mère ? Ah ! j'adore quand même votre sainte Providence, ô Seigneur.

Morte ! morte ! Je n'en puis plus ; mon cœur est brisé.

Mère, c'est toi la plus heureuse ; tu ne ressens pas la douleur que nous ressentons. Ton passage sur la terre est terminé ; tu te reposes au ciel, car tu es au ciel, toi qui étais si bonne ! Dieu te récompense de tes vertus. Tu nous vois, tu pries pour nous. O mère, repose-toi, tu l'as bien mérité. Nous irons te rejoindre lorsque Dieu le jugera à propos.

Adieu, mère chérie ! Que mes prières et mon amour montent vers toi ! Mon âme est noyée dans mes larmes, mais l'espérance y brille encore. Adieu !...

15 *juin*. — Ma douleur demeure toujours aussi intense. Avais-je jamais songé que ma mère pût mourir ? Cette mort inattendue me semble si incroyable que je voudrais écarter de moi cette triste pensée. Ne plus jamais revoir ma mère ! Quelle épouvantable douleur !

J'attends que ma permission soit signée par le général, afin de partir pour la France.

Il me semble que le monde n'est plus le même ; tout paraît changé ; tout s'assombrit ; la vie devient insupportable ; je me sens incapable de réflexion ; une seule image se présente constamment devant mes yeux : ma mère. Et tout, autour de moi, prend des teintes si tristes et noires, que ma douleur se changerait en désespoir si je ne croyais pas au Seigneur qui me console, à notre Père du ciel, au Dieu de notre éternité.

C'est en cette pénible circonstance que j'appris à connaître combien sont fondés souvent nos pressentiments. Oui, il existe je ne sais quoi d'invisible et de fort qui relie les âmes entre elles, un lien d'amour qui joint à travers l'espace les pensées et les cœurs.

Le monde des âmes existe ; il y a entre elles des communications quasi célestes aux heures solennelles de la vie. Nous ne nous en rendons pas compte souvent à cause de notre nature matérielle et déchue ; mais pourtant cela est, c'est à cette mystérieuse relation des âmes entre elles qu'il faut rapporter ces vagues prévisions dans lesquelles parents ou amis vous apparaissent pleins de joie ou de larmes.

Moi, je crois au pressentiment ; et deux faits, qui pourront sembler bien insignifiants aux sceptiques, m'y feront toujours croire, car le cœur ne peut mentir surtout au sujet d'une mère.

Le premier fait se passa le 30 mai, jour même où ma bonne mère mourait. J'ignorais absolument qu'elle fût souffrante ; quelques jours auparavant, j'avais reçu d'elle une lettre pleine de son cœur maternel, comme elle avait coutume de m'en envoyer; j'étais bien loin de prévoir que c'était son suprême adieu. Ce jour-là donc, 30 mai, j'étais de service à la citerne M'Sléa, seul avec moi-même, n'ayant rien à faire qu'à rêver à l'ombre du mur de la cour sous le ciel bleu. Or, durant cette longue journée, la pensée de ma mère vint m'assaillir avec une force telle que je ne l'avais jamais ressentie. Toute mon âme se perdait en ma ma mère; un amour immense m'envahissait. Je la sentais en quelque sorte à côté de moi, et, pensant à elle d'une manière irrésistible, je me mis à composer la petite poésie suivante, à propos d'une médaille de la très sainte Vierge que ma douce mère de la terre m'avait envoyée afin que je sois protégé sur le sol d'Afrique par notre divine Mère du ciel.

A MA MÈRE

Qu'ils étaient doux les baisers de ma mère,
Lorsqu'effleurant d'amour mon front soyeux
Et prolongeant longtemps l'heure éphémère,
Elle pressait sur moi son cœur joyeux!

Ses chers baisers en céleste dictame
Se répandaient déjà sur mes chemins;
Et de son Dieu voulant m'embaumer l'âme,
Pour la prière elle joignait mes mains.

J'avais huit ans, dix ans... et l'innocence
M'illuminait dans un rayon vainqueur.
Ma tendre mère accroissait sa puissance
En m'enseignant son amour et son cœur.

J'étais heureux comme on l'est à cet âge
Où l'avenir pour moi s'auréolait.
Ma mère était par son cœur sans partage
Cette auréole où mon œil s'étoilait.

Son doux regard, que je revois encore,
Coulait sur moi comme un rayon de miel.
Ce pur regard, ô mère que j'adore,
Tu paraissais le dérober au ciel.

A dix-sept ans, malgré cette tendresse,
Mon cœur vola vers de nouveaux pensers;
Et de ma mère encor crût la caresse,
Plus enflammés devinrent ses baisers.

On aurait dit que, redoutant l'absence,
Elle lisait déjà dans l'avenir
Et prévoyait, ô sainte connaissance!
Que le départ allait bientôt venir.

Elle pleurait, cachant, inconsolable,
Dans le secret ses pleurs et son amour.
Te quitter, mère, était-ce vraisemblable?
Depuis longtemps tu redoutais ce jour.

Il vint enfin. Quelle douleur amère
Je vis alors assombrir ton regard!
Que tu m'aimais! O ma très douce mère,
Pardonne, oh! oui, pardonne à mon départ.

Te reverrai-je, ô mère? Je l'ignore;
Dieu seul connaît le sort de ton enfant.
Tu pus, du moins, te consoler encore
Et me serrer sur ton cœur étouffant.

Tu m'embrassas; puis je vis ta paupière
Verser alors une larme de feu,
Larme d'amour! elle fut la dernière.
Je te quittai dans un dernier adieu.

Vingt mois après, vers la plage africaine
Je m'embarquais pour de nouveaux destins.
Nous allions faire une guerre lointaine,
J'étais heureux, j'aime tant les lointains!

Mais que ma mère, apprenant la nouvelle
De ce départ que je trouvais si beau,
Dut ressentir une peine cruelle,
Pleurer déjà comme sur un tombeau!

Elle ne put, dans un baiser suprême,
Me dire adieu !... Mais son amour chrétien
Vint me montrer qu'une tendresse extrême
Doit dans le ciel chercher son seul soutien ;

Et m'envoyant une médaille sainte
Qui de la mort devait me protéger,
Elle me dit : « Mon fils, reste sans crainte,
Avec Marie on brave le danger. »

Foi maternelle ! O Foi que rien n'altère,
Foi consolante et douce comme un miel,
Seule par toi ma mère de la terre
Me confia dans ma Mère du ciel !

Mère, merci ! Toujours sur ma poitrine
Je porterai cet insigne d'espoir,
Et, vénérant ta médaille divine,
Je reviendrai.... Merci ! Mère, au revoir !

Au revoir ! Mais au revoir au ciel, car ce jour-là ma mère mourait !

L'autre fait eut lieu quelques jours après.

Je revenais de me promener du côté de la Villa des Orangers et, par une étourderie dont je ne me suis jamais rendu compte, je m'amusais à faire sauter mon cheval au-dessus des tombes arabes qui forment autour de Kairouan l'immense nécropole dont j'ai déjà parlé. Tout à coup je vis passer devant mon imagination une sorte de vision de ma mère, vision légère comme une aile, rapide comme un rayon, et cette pensée me vint à l'esprit : « Si dans mon pays on manquait ainsi de convenance aux tombeaux chrétiens, que dirais-je ? Aussitôt je détournai mon cheval et je revins galoper dans le chemin.

Quelques minutes après, en arrivant au camp, j'avais à peine quitté le pied de l'étrier que le vaguemestre m'apporta la lettre qui m'annonçait la mort de ma mère. Cette lettre m'était écrite par le prêtre qui avait assisté la chère mourante. Il me disait : « Votre bonne mère est morte en prononçant votre nom. » — Morte, mère bien-aimée !...

Ah ! ils répondent trop à la réalité les pressentiments qui précèdent souvent les nouvelles terribles et les déchirements du cœur.

21 juin. — Ma permission est arrivée ; je quitte Kairouan à six heures du matin. Le petit chemin de fer Decauville, établi nouvellement par le génie, m'emporte rapidement ; les chevaux qui traînent les wagons sont changés à chaque relais : en sept heures nous avons traversé l'immense plaine et nous arrivons à Sousse vers une heure de l'après-midi. J'ai déjà fait le premier pas vers le tombeau de ma mère.

Je reste deux jours à Sousse en attendant le paquebot et, le 23 juin, j'embarque sur le *Saint-Augustin*, de la Compagnie transatlantique. Nous levons l'ancre à cinq heures du soir et nous avançons en pleine mer par un des plus splendides soleils couchants que j'aie jamais vus. L'horizon est en feu et le rivage se perd dans des nuages éblouissants de pourpre et d'or. Mais mon cœur est plein de tristesse et je ne regarde ce spectacle magnifique qu'avec des yeux mouillés de larmes. C'est ma mère que je voudrais revoir. Hélas ! je vais en France pour prier sur un tombeau.

Le 24 juin, à l'aurore, le *Saint-Augustin* mouille dans la rade de La Goulette pour n'en repartir que le soir. Je débarque aussitôt et je prends une voiture afin d'avoir le temps d'aller visiter les ruines de Carthage et le tombeau de saint Louis.

Tout est désert et silencieux ; mes impressions sont multiples, mais je ne les note pas, une seule pensée m'occupe le cœur : je ne songe qu'à ma mère chérie. Du reste, comme je reviendrai à Carthage et à Tunis, j'en reparlerai.

Cependant, debout au milieu de ces ruines, je repasse rapidement en mon esprit l'histoire de la célèbre et antique cité. De grands souvenirs viennent briller devant ma mémoire et m'impressionner fortement pendant l'heure que je reste à rêver dans ce lieu solitaire, jadis témoin de tant de splendeurs et de gloires.

O vanité ! Ils sont morts tous ceux qui ont peuplé ce rivage immortel. Et toi, mère aimée, bien loin d'ici, tu viens de mourir à ton tour ! Et moi, sur les ruines de Carthage, je pleure celle qui m'a tant chéri !

Enfin, le 26 juin, à neuf heures du soir, nous débarquons à Marseille et je prends aussitôt le chemin de fer pour Paris. Le 27, à quatre heures du soir, je suis dans les bras de mon père. Nos larmes et nos sanglots sont impossibles à décrire. Mon père me montre la maison vide, le salon que ma mère décora avec tant de goût, la chambre où elle rendit le dernier soupir. Je me jette à genoux près du lit. Pauvre maman disparue ! En face, sur la cheminée, est sa photographie : avec quel amour je l'embrasse ! Oh ! je me souviendrai toujours de cette chambre où s'est passé ce grand et dernier drame, la mort ; de cette chambre où ma bonne maman prononça mon nom pour la dernière fois et où elle parut devant son Dieu.

Que la maison est triste maintenant! Dans le petit jardin, mon père me montre les fleurs que ma mère a plantées, qu'elle arrosait et qu'elle aimait. Cette petite maison avait été le rêve de toute la vie de ma mère qui soupirait après la solitude, la tranquillité, la paix. Hélas! elle n'en jouit que trois mois; elle y vint pour mourir. Oh! que mon cœur est serré! Tous les jours je vois sangloter mon père.

En allant vers la tombe de ma mère, à Pontoise où elle a toujours désiré reposer, je tremble d'y arriver; la douleur m'accable.

Oh! comme on prie sur la tombe d'une mère! Je mouille cette pierre de mes pleurs; je ne puis m'en arracher...

Mais assez! ô mon âme, renferme en toi ta désolation, ne cherche pas à la décrire, car il n'y a pas de mots pour la peindre.

. . . .

Mère, du haut du ciel, tu vois mon cœur, tu vois mon inconsolable douleur. Il suffit. Il est inutile que je l'écrive et que je la fasse connaître davantage. Je renferme ces sentiments en moi-même comme en un sanctuaire. O bonne maman, entre seule dans ce sanctuaire tout embaumé de toi et, seule, sois témoin de ma tristesse, de mon amour, de mon culte...

. . . .

Ma permission expire bientôt. Le 19 juillet, je dis un dernier adieu au tombeau de ma douce mère et, le 20, je pars pour Vichy avec mon père qui doit passer aux eaux une saison afin de rétablir sa santé ébranlée par tant d'émotions et se distraire un peu de sa profonde affliction.

Je passe quatre jours à Vichy avec mon bon père, et, le 25 juillet, l'heure de la séparation a sonné. Mon père me conduit à la gare : il essaye de cacher sa peine. Mais, au moment où je vais monter dans le wagon, sa douleur éclate, de grosses larmes coulent sur ses joues ; il me donne un dernier baiser dans une dernière étreinte... puis le train part... et mon pauvre père reste seul, privé de tout ce qu'il a de plus cher au monde.

Quant à moi, je suffoque, je suis halelant, j'ai la mort dans l'âme... reverrai-je mon père ?...

Le 26 juillet, j'arrive à Marseille vers quatre heures du matin. Je fais un pèlerinage à Notre-Dame de la Garde ; je vais prier en l'église Saint-Victor, la plus antique de la vieille cité phocéenne.

Le 27, je m'embarque et je quitte de nouveau la terre de France, terre devenue encore plus sacrée pour moi depuis que ma mère y repose.

Le 29, le navire relâche à Philippeville ; je visite les majestueuses ruines romaines qui se trouvent sur le penchant de la colline du lycée.

Enfin, le 1er août, après une belle traversée, je suis de retour à Sousse où est ma compagnie campée parmi les oliviers du rivage.

Mon douloureux pèlerinage au tombeau de ma mère est terminé.

XI

DÉPART POUR SFAX

Dix-sept jours après mon retour à Sousse, je suis tout à coup désigné pour aller prendre le commandement du détachement de Sfax. Depuis plusieurs semaines, je vivais à l'ombre des figuiers et des caroubiers qui grandissent au milieu des sables d'or du rivage d'Hadrumète et déjà il me faut partir pour d'autres plages ! Quelle sera ma vie là-bas ?...

Ces hasards de la vie militaire rendent l'âme un peu bohémienne, tout en la faisant souffrir parfois, mais en la trempant d'une force de renoncement extraordinaire.

Je fais précipitamment mes préparatifs, car dans une heure le navire va partir. Je serre la main à mon capitaine, je trinque une dernière fois avec mes camarades qui viennent me conduire au port, et bientôt le transatlantique *Mustapha* m'emporte vers la pleine mer.

Ce matin, c'était la tranquillité du camp sans souci du plus tard ; ce soir, c'est l'agitation des flots avec la perspective d'une vie nouvelle. Quels prompts changements à vue sur la scène de l'existence humaine ! Mais combien le spectacle est grandiose, lorsque cette scène est placée sur un théâtre tel que ce théâtre africain avec la profondeur de son ciel, avec les ondes miroitantes sous un soleil de flammes, avec les lointains d'une mer sans bornes ! C'est l'âme qui est actrice et spectatrice d'une pareille scène, et, ne s'appartenant plus, elle s'élève dans un infini de lumière qu'elle ne pourrait supporter si, de par Dieu, elle n'était immortelle.

Tel est l'état d'enivrement où je me trouve quelques heures après que le *Mustapha* s'est mis en route. La nature est si merveilleuse, que j'oublie vite les émotions, toujours causées par un brusque départ; le ciel et la mer se confondent dans une transparence azurée et le navire vogue dans un océan de clarté. Pour peu qu'on ait le cœur poétique, il est impossible de ne pas être enthousiasmé devant des splendeurs qui illuminent, malgré vous, votre être tout entier.

Cette traversée de Sousse à Sfax est véritablement, en cette journée, un voyage au pays de la lumière.

Nous relâchons à Monastir, l'ancienne Ruspina romaine, puis à Mediah, l'antique Thapsus, où César débarqua appuyé sur son épée victorieuse. J'y puis contempler de loin des ruines et des portiques aux arcades brisées, nobles débris d'où s'échappe ce mot « vanité » qui relie le passé à l'avenir. Vanité !... Et ces ruines silencieuses semblent écouter avec intelligence le perpétuel gazouillement des flots qui chantent et qui caressent, malgré tous les naufrages et toutes les destructions.

De Médiah, le navire reprend le large. Puis la nuit vient avec son solennel silence et l'on se sent bien seul et bien petit en voguant dans la solitude de ces immensités. Enfin, à l'aurore, je vois apparaître Sfax s'élevant de la mer comme une blanche fleur des ondes dont les pétales seraient les créneaux d'argent qui la couronnent.

Le navire jette l'ancre loin du rivage, car la côte est basse et ne peut être abordée que par de petites embarcations qui ne manquent jamais au voyageur et viennent, comme des mouettes, tourbillonner autour du vaisseau géant.

Pendant les préparatifs, les agitations et les cris qui accompagnent tout débarquement, surtout à cette distance en mer, je songe à la nouvelle existence militaire que je vais mener ici et je considère longuement là-bas cette ville, dont nous nous sommes emparés d'assaut l'année dernière, et dans laquelle coula tant de sang français et surtout tant de sang arabe durant les quarante-huit heures de pillage laissées à la libre volonté des vainqueurs.

Il est, dans cette prise, un incident très peu connu, n'ayant aucune importance stratégique, mais très curieux dans un récit de mœurs et très intéressant pour un amateur.

La flotte tout entière était réunie le 13 juillet devant Sfax, à 10 kilomètres au large, ne pouvant approcher plus près à cause du peu de profondeur des eaux. Le 14 juillet, la fête nationale fut célébrée à bord et, presque toute la journée, on tira le canon à blanc en signe de réjouissance. Les Arabes, entendant le bruit de la poudre et voyant la fumée envelopper la flotte, crurent que déjà l'on tirait sur la ville assiégée. Mais, comme il n'arrivait aucun projectile, ils furent persuadés que les Français perdaient leur temps et ne pouvaient atteindre Sfax à une si grande distance. Ils commencèrent à se moquer de nous et à mépriser l'orgueil d'une flotte qui prétendait ainsi vaincre l'espace à coups de canon. Leurs armes ne portant qu'à quelques centaines de mètres, ces braves sectateurs de Mohammed se figuraient qu'il était impossible aux obus de franchir dix et même douze kilomètres. Aussi la joie parmi eux régna-t-elle avec frénésie durant tout le jour et toute la nuit, joie courte dans ces corps palpitants de vie qui, demain, pour la plupart changés en cadavres, allaient joncher les rues.

Le 15 juillet, dès la première heure, les canons ne faisaient plus un vain bruit et, des flancs de la flotte tressaillante, le fer et le feu s'envolaient sur la ville, allant dire bonjour aux Arabes de la part des Français, ces diables de Français, enfants terribles qui ne doutent de rien. Et les remparts tremblaient, et les obus pleuvaient et les maisons croulaient, et les hommes mouraient. Et puis ce fut l'assaut... et puis l'on sait le reste : la victoire et le drapeau de France flottant dans le soleil d'or.

Aujourd'hui Sfax semble ne plus se souvenir de cette secousse violente et se repose, calme et paisible, sous un ciel si enivrant qu'il fait bientôt oublier la souffrance et la mort, car qu'est-ce que la mort là où, sous les embrassements d'une nature enchanteresse, les effluves de la vie coulent à flots, sans trêve, sans repos, comme si elles étaient éternelles ?...

XII.

SFAX (TAPHRURA)

Vue de la mer ou vue de la plaine, Sfax, dont la forme est un polygone très irrégulier entouré de hauts remparts blancs et crénelés, ressemble extérieurement aux autres villes orientales. Elle est située sous le climat le plus sain de la Tunisie et se divise intérieurement en deux parties bien distinctes : la ville arabe et la ville européenne.

La première, séparée de l'autre par une grande et large muraille, est exclusivement habitée par les croyants qui se trouvent ainsi à l'abri du contact des impurs roumis et vivent seuls autour de leurs mosquées, seuls avec leurs vices et leur fanatisme. Et cette solitude de la ville musulmane inspire tant de crainte que j'ai entendu des femmes maltaises m'affirmer n'en avoir jamais osé franchir la porte redoutée.

Les rues, étroites et tortueuses, sont construites de telle façon que le soleil y pénètre le moins possible, en sorte qu'on y jouit d'une certaine fraîcheur, même durant les journées les plus brûlantes.

Dans les soucks, plus larges et plus aérés que ceux de

Kairouan, les Arabes, assis sur des nattes, passent leurs journées à fumer le narghileh ou le chibouk et à boire l'odorant café maure. On y vend de belles étoffes de soie, des parfums, de l'huile et surtout des dattes excellentes et renommées.

Les maisons les plus curieuses sont habitées maintenant par des Français, car leurs propriétaires, qui furent les principaux chefs de la révolte, ont été tués ou se sont enfuis de la ville pour se réfugier à l'abri de la frontière tripolitaine. Dans ces maisons, on est en plein Orient. La cour est pavée en marbre; autour de la cour, de légères colonnes supportent de gracieuses arcades mauresques et forment une galerie sur laquelle s'ouvrent et prennent jour les diverses chambres ornées de divans, de nattes et de tapis anciens. Cette manière de construire les maisons, en donnant tous ses soins à l'intérieur « au retiré intime » et en supprimant le plus possible les fenêtres sur la rue, n'a pas varié depuis l'antiquité : c'est le classique oriental, et l'on ne peut rien imaginer de mieux pour entretenir une température fraîche, et adoucir les chaleurs intenses des vents enflammés.

Du haut des remparts de la ville, assez larges pour qu'un canon attelé puisse y passer au trot, il est très intéressant de regarder l'ensemble des terrasses blanches sur lesquelles, çà et là, comme dans l'unique domaine où elles soient quelque chose, se promènent les femmes, vêtues de mousselines multicolores qui les font ressembler à une volée de beaux oiseaux bleus, orangés, verts ou roses. Mais elles se retirent bien vite dès qu'elles aperçoivent l'étranger, afin de n'être pas maltraitées par leur maître et tyran, qui leur fait un crime de se laisser

voir. Pauvres femmes, esclaves de l'islamisme barbare !
Quelle différence entre leur sort et celui de nos femmes
chrétiennes, filles de Dieu et compagnes de l'homme, si
choyées, si honorées, si respectées, si reines dans notre
Europe civilisée sous l'influence de la céleste et purifiante
religion de la Croix!

Bien souvent je monte sur les remparts, parce que
j'aime parfois des heures de silence et qu'en haut il y a
toujours plus de calme et de sérénité qu'en bas, parce
que j'aime les larges horizons et que d'en haut, plus que
d'en bas, on peut perdre ses regards et son âme dans
les profondeurs d'un lointain sans rivages. Aussi je me
tourne de préférence vers la mer que jamais je ne me
lasse de contempler. Au loin, à ma droite, j'aperçois,
comme une oasis suspendue entre le ciel et la mer, les
grands palmiers de Maharès qui, à l'heure où le soleil
darde ses rayons, s'élèvent semblables à des colonnades
fantastiques dont la tête se perd dans le poudroiement
du ciel et dont les pieds se baignent dans l'eau bleue.

Plus à gauche, je distingue parfaitement, avec ma
jumelle marine, les îles Kerkena qui paraissent échouées
à l'horizon ; puis ce sont les flots encore, toujours les
flots qui s'allongent en rides immenses, s'effaçant et se
renouvelant sans cesse dans leurs éternels replis d'azur;
bien plus au delà, mais vue seulement par la vision du
cœur, c'est la France, la belle France aimée.

Du haut de ces murailles solitaires, on jouit parfois de
radieuses fins de journée. Le soleil qui, le matin, s'est
levé étincelant de la mer, se couche là-bas au fond du
désert ; son globe, durant une minute, se repose sur le
sol comme pour envoyer les derniers rayons du bonsoir

Une cour de Mosquée à Sfax.

à l'œil qui le suit et bientôt il disparaît, laissant la terre dans un solennel silence comme si elle se recueillait et s'attristait à l'éloignement de cet astre qui fait chaque jour bouillonner son sein de sève et d'amour. Un instant après, l'or du ciel se change en rose et, devant ce rose, viennent s'étendre quelques nuées sombres. Alors, sur ce fond à la fois noir et lumineux se détachent les fiers palmiers formant une ligne de spectres que l'on dirait se tenir par la main et s'avancer en dansant une ronde de la nuit.

Le quartier européen, situé entre la mer et la ville arabe, est plus intéressant que cette dernière. C'est là que l'on remarque avec curiosité les contrastes les plus variés de mœurs, de costumes, de langage. Les Juives aux vêtements bariolés, coquets et brillants, se croisent avec les Maltaises, aux robes sombres et aux voiles noirs, qui font ressortir la pâle blancheur de leurs traits délicats. De nombreux Italiens se livrent au commerce et une grande quantité de Grecs gagnent leur vie par la pêche.

Les principales religions sont réunies à Sfax ; l'islamisme avec les Arabes, le judaïsme avec les Israélites, le schisme avec les Grecs et le catholicisme avec les Italiens, les Maltais et les Français. Il y a trois jours de fête par semaine : le vendredi, les Arabes remplissent les mosquées et lisent le Coran ; le samedi, les Juifs vont méditer la Bible à la synagogue et se promènent dans leurs plus riches atours. Enfin le dimanche est le jour de repos du reste de la population.

La petite église catholique de Sfax est dirigée par un capucin, le Padre Antonio, qui s'est montré d'une manière très éclatante lors de la prise de la ville et qui consacre ses soins à faire aimer la France aux Maltais, ses compatriotes, et même aux Arabes qui le regardent comme un marabout digne de vénération.

Quelques jours avant le siège de Sfax, toute la population européenne, fuyant devant l'insurrection arabe, s'était réfugiée dans la petite église catholique. Les révoltés se préparèrent au massacre, mais, dès qu'ils furent prêts d'entrer, le P. Antonio s'avança seul, ouvrit les portes et, présentant le crucifix, il adressa à cette bande quelques paroles de feu et termina en les menaçant de la vengeance de Dieu s'ils pénétraient dans la mosquée chrétienne. Les Arabes, subjugués par cet élan et ce courage, tournèrent les talons et s'en allèrent se battre dans le reste de la ville.

Puis les femmes et les enfants maltais et italiens s'embarquèrent pour se réfugier sur notre flotte qui leur donna l'hospitalité pendant le bombardement. Déjà les obus pleuvaient sur Sfax, lorsque le P. Antonio apprit qu'une religieuse malade était restée seule à terre, ayant été oubliée dans la précipitation de la fuite. Il revint aussitôt sur ses pas au milieu du fer et du feu ; il prit la religieuse sur son dos et, se jetant dans la mer, il gagna une barque qui était assez loin. Une demi-heure après, tous deux étaient sauvés à l'abri de nos vaisseaux de guerre.

Un tel homme, avec ce caractère généreux et vaillant, était fait pour comprendre les Français et les aimer. Il demanda à desservir l'hôpital comme aumônier militaire, et il fut heureux et fier de porter sur sa robe de bure les insignes d'aumônier de France. Quelque temps après, le bey de Tunis le nomma commandeur de l'ordre du Nicham et, un jour, le P. Antonio, me montrant sa décoration et son grand ruban, me dit : « C'est à cause de la

France si un prince musulman a ainsi décoré un prêtre catholique. »

Aujourd'hui le P. Antonio reconstruit sur un plus vaste plan son église qui avait été très endommagée par le bombardement ; il dirige lui-même les travaux et son activité a reçu beaucoup de louanges de la part du Souverain Pontife Léon XIII. C'est ce même P. Antonio, qui, dans deux ans, sera nommé coadjuteur de Carthage et sacré évêque par le cardinal Lavigerie.

En attendant, il fait une grande propagande française et il anime tout le pays de son amour pour la France. Il fait venir de Paris des livres pour nos soldats ; il est toujours prêt à rendre service, à donner un conseil, à consoler.

Tous les dimanches, l'église est pleine de soldats et d'officiers mêlés avec les Maltaises en grande toilette et avec les bateliers et les pêcheurs, pieds nus et le chapelet en main.

A Noël de cette année, nous avons éprouvé dans l'église une soudaine émotion. Le P. Antonio avait, sans rien dire, appris plusieurs airs français aux enfants maltais. Notre surprise fut grande, tout à coup, en entendant ces voix s'élever au milieu des majestueuses splendeurs de la messe de minuit. Quelque chose de la France sembla passer dans l'église. Les officiers et les soldats se regardèrent. Plus d'un œil se mouilla. Ces chants de notre langue, ces mots chantés et prononcés harmonieusement par l'accent étranger de ces bouches enfantines, nous charmèrent à ravir. C'était céleste et divinement beau pour nos cœurs français. Ces délicatesses-là illuminent l'âme d'un rayon joyeux ; ces délicatesses-là, seul le christianisme les connaît et les devine sur une terre étrangère.

De la place de l'église on va, par de petites rues détournées, dans la rue Centrale aboutissant à la mer, et où tous les commerçants européens semblent s'être réunis. Puis c'est la place des Consuls où flottent les pavillons des Consulats des diverses puissances de l'Europe. Tout près de là, en sortant par la porte du Nord, on se rend à mon camp, placé au pied des murailles de la ville, et duquel j'ai une vue splendide sur la mer et sur la mosquée de Sidi-Mansour, qui s'élève blanche au-dessus d'un cap, à l'horizon.

Sous ma tente, à laquelle le terrain creusé donne un plus ample emplacement, j'ai fait planter un aloès de 2^m,50 de haut sur 2 mètres de large : il emplit le milieu et donne à la tente un aspect tout à fait oriental. Je couche parmi la verdure. A mes pieds est un autre aloès, plus petit, dans un vase supporté par une colonne de marbre tout usée et cannelée. Cette colonne antique et précieuse ferait envie à bien des amateurs.

Il existe à Sfax un phénomène curieux et inexplicable : la mer, deux fois par jour, se retire très loin, laissant un vaste espace tout verdoyant de varech, dont les senteurs sauvages assainissent singulièrement l'atmosphère, et sont cause de la rareté des fièvres sur cette plage délicieuse. Ce phénomène est d'autant plus remarquable, qu'en aucun endroit de la Méditerranée on ne connaît d'une manière sensible le flux et le reflux de la marée. Dans quelles régions mystérieuses va donc cette masse d'eau, dont on n'a aucune nouvelle sur le reste des côtes si tranquilles sous un flot fidèle qui les caresse, sans jamais les abandonner ?

Pendant de longs mois, j'ai vu des officiers de marine étudier heure par heure cette marée étrange, et l'on demeure encore dans une incertitude qui ajoute la poésie de l'inconnu à ces rivages africains.

Sfax est, après Tunis, la ville la plus importante de la Régence pour ses produits. Elle exporte surtout des dattes et des alfas. Il s'y fabrique aussi beaucoup d'huile d'olive, mais ce n'en est point la seule spécialité. L'alfa est la grande richesse du pays : ce sont les Anglais surtout qui l'exploitent. Nous, Français, nous regardons bonnement faire et protégeons ceux qui s'enrichissent à notre barbe, là où nous pourrions avoir de plus faciles avantages qu'eux.

Ce pays de Sfax est, pour la récolte des dattes et de l'alfa, ce qu'est le pays de Sousse, le Sahel, pour la récolte des olives et du blé : ce sont les deux mamelles de la Tunisie, d'une fécondité incroyable ; la France pourrait constamment y puiser, et elles ne se lasseraient jamais de produire. Mais les Italiens et les Anglais nous mettent des bâtons dans les roues : saurons-nous jamais retirer ces bâtons ?

Par son climat enchanteur, Sfax est aussi la Nice de la Tunisie. Jusqu'à dix kilomètres de la ville, ce ne sont que des jardins fortifiés, mais jardins délicieux, plantés de palmiers, d'oliviers, de caroubiers, de vigne et de figuiers. Tous ces arbres, au printemps, joignant ensemble leurs parfums, rendent l'atmosphère enivrante et lorsque à travers ces senteurs et sous ces ombrages, on passe à cheval, emporté sans fatigue par un rapide galop, la terre alors semble disparaître, et les sens se dilatent à tel point que l'on croirait vivre de plusieurs vies, et que l'on ne s'aperçoit plus du poids du corps toujours si disposé à restreindre le cercle du bonheur, que l'âme seule peut ressentir à l'infini.

Puis on franchit des chemins creux, bordés de grandes haies de cactus et d'aloès, qui semblent vouloir vous écraser sous leur épineuse végétation, et près de la masse géante desquelles le cheval et le cavalier paraissent n'être que des oiseaux sautillants.

Après avoir passé ces planureux enfoncements, on arrive dans des bois de palmiers qui s'élancent en droite ligne vers le ciel et balancent leurs tiges comme des ailes qui voudraient se détacher du sol. Ces bosquets de palmiers forment des perspectives ravissantes. Le pays, en cet endroit, est si fertile, que je songe à ces paroles d'un auteur : « Le palmier demande à avoir les pieds dans l'eau et la tête dans le feu. L'eau et un soleil ardent sont nécessaires à la production des dattes. Aussi comme il deviendrait paradisiaque ce pays si, ce qui est très possible, on arrivait à y voir croître des oliviers sous les palmiers très élevés ; puis sous les oliviers, des figuiers ; sous les figuiers, des grenadiers ; sous les grenadiers, une vigne ; sous la vigne, on sèmerait du blé, des légumes, des herbes potagères, et tous, dans la même année, s'élèveraient à l'ombre les uns des autres. »

Ce serait une fertilité enchanteresse ; pas un pouce de terrain ne serait perdu ; et certes ce n'est pas un rêve irréalisable dans certaines contrées de Tunisie.

Au delà des bois de palmiers, la végétation devient moins luxuriante, les jardins sont plus rares, les plantes sont de moins en moins touffues, et peu à peu la grande plaine s'étend nue, stérile, allant se perdre dans le désert.

Il faut avoir vécu de longs mois dans cette nature folle de vie pour jouir d'enivrements qui ne peuvent se décrire et qui ne peuvent être compris par ceux qui n'ont jamais quitté nos climats du nord ou qui ne font que passer en touristes sur ces rivages débordants de volupté. La volupté, on ne la ressent nulle part comme sous ce soleil qui embrasse la terre de ses rayons comme d'autant de baisers d'amour ; mais c'est une volupté inénarrable, qui n'appesantit pas le cœur, qui élève et ennoblit les sensations ; une volupté qui, trop profonde pour la parole impuissante, ne pourrait être exprimée que par les harmonies de la musique : c'est une volupté faite de transparences et de lumière.

Les Romains avaient su connaître toutes les délices de ces plages ravissantes, et ces maîtres du monde venaient là se reposer de leurs conquêtes, comme dans un jardin qui leur servait d'Éden sur le soir de leur vie. Aussi partout on rencontre des vestiges et des ruines.

Sfax est l'ancienne Taphrura romaine ; elle avait pour voisine une autre ville, dont nous venons de découvrir les restes enfouis sous le sable, au bord de la mer : c'était Tina ou Ténée. Cette ville avait tellement bien disparu, qu'en galopant sur le rivage, on ne croyait pas fouler une cité antique. Les Arabes n'y venaient jamais camper et les chameaux n'y pouvaient trouver une plante pour les nourrir. C'était l'abandon de la nature le plus complet ; c'était l'immensité de la plaine coupée par l'immensité de la mer et dominée seulement à l'horizon par les hauts palmiers de Maharès. Le soleil seul venait encore réchauffer cette terre déserte, et, seule, la mer caressait de ses flots cette solitude qui, à force d'être abandonnée, avait peut-être déjà perdu le souvenir de l'homme. Mais l'homme, qui découvre tant de mondes nouveaux, sait aussi retrouver les traces des anciens ; et, si le présent et l'avenir enthousiasment son intelligence, le passé parle aussi fortement à son cœur. Le passé, nous l'avons découvert tout à coup sous ce sable. Nous avons fouillé et nous avons retrouvé des remparts, des statues brisées, et surtout des sépulcres, où existent encore les niches dans lesquelles on plaçait les urnes qui renfermaient les cendres des ancêtres.

Depuis cette découverte, j'aimais venir me promener à cheval dans ce lieu solitaire où l'on jouit d'un silence solennel qui repose et fait du bien. Devant Tina, on est seul avec des débris, seul avec la mer, seul avec le désert, seul avec ses pensées. Oh! près de toutes ces ruines, quel anéantissement et quel désespoir s'il n'y avait que la matière sans l'âme immortelle planant au-dessus de toutes les douleurs, au-dessus de tous les effondrements, au-dessus de la mort !

Et l'on rêve ainsi jusqu'à ce que l'heure de rentrer au camp soit arrivée, et, heureux de vivre quand même devant tant de néant, on franchit légèrement les quinze kilomètres du retour.

D'autres fois, je dirige mes promenades à cheval vers une source nommée Bir-Chabouni, à deux lieues de la mer. Pendant la sécheresse, on fait à cette source de nombreuses corvées d'eau. C'est une oasis embaumée. Tout près de la source un magnifique caroubier laisse traîner ses branches jusqu'à terre, et forme un bosquet de verdure impénétrable au soleil ; là encore, enivré par une brise fraîche, on boit la poésie, on respire les parfums de l'air. J'y allais de préférence le samedi matin, par un raffinement de sensation qui s'emparait de tout mon être. Le samedi était le jour où le bateau de France arrivait, chaque semaine, vers dix heures, apportant des nouvelles et des lettres toujours avidement attendues. Or, ce jour-là, il m'était impossible de passer la matinée dans mon camp, car le temps me semblait trop long, le courrier étant non seulement par moi, mais par tous, désiré avec une impatiente ardeur. Alors, pour que les heures parussent plus rapides, je faisais seller mon cheval, et je m'en allais errer du côté de la source et des ombrages de Bir-Chabouni. Et, lorsque je m'étais bien ravi de la nature, je revenais goûter une seconde joie, et compléter mon ravissement en apercevant le navire qui se balançait au loin dans la rade, et m'apparaissait comme une vision chérie de la France.

Les jours de Sfax resteront pour moi inoubliables ; j'y ai passé la première année de bonheur libre et enthousiaste que jusque-là j'avais encore connu dans la vie.

C'était la liberté sans souci, au milieu de toutes les splendeurs du climat africain. C'étaient des courses sans nombre à cheval, par un ciel sans nuages, par un air pur tout plein de parfums, au bord des flots resplendissants sous un soleil ardent. C'était un printemps céleste, printemps illuminé de toutes les clartés de l'Orient, avec toutes les beautés d'une plage vraiment d'or.

Combien je me souviens des trois immensités que je contemplais à la fois, lorsque j'avais dépassé les jardins du côté du rivage, et que la plaine sans arbres, sans bornes recommençait ! A gauche, l'immensité de la mer, à droite l'immensité du désert et, au-dessus de moi, une autre immensité, celle d'un ciel de feu me couvrant de ses plis d'azur et de lumière. Entre ces trois immensités, je laissais mon cheval s'emporter au galop et mon cheval, paraissant ne faire plus qu'un avec moi et ressentir mes propres impressions, respirait à pleins poumons et s'enivrait d'espace et de vitesse.

Oui, je le répète, ces jours passés à Sfax comme chef de détachement, sont gravés pour jamais en mon cœur et cependant ma vie y fut non pas monotone, elle ne l'est jamais sur ces plages étrangères où chaque jour voit surgir quelque chose de nouveau et d'inconnu, mais elle fut sans incidents bien remarquables.

Hors la description de la ville et de son climat si doux avec ses nombreux jardins et ses bosquets de palmiers, je n'ai rien à narrer que beaucoup de souvenirs personnels ; mais ces souvenirs, je les tais, car ils formeraient un journal trop long et beaucoup moins intéressant pour le lecteur que pour moi. Le service de chaque jour, les démêlés avec de mauvais soldats, les punitions graves infligées aux fortes têtes, le dévouement des uns, la noirceur hypocrite et lâche des autres, la responsabilité du détachement, la correspondance hebdomadaire avec ma compagnie, les heures d'ennui et de tristesse même sous ce beau ciel, les heures plus nombreuses d'enthousiasme et de poésie, tout cela je m'en souviens, mais je ne le décris pas.

Quelques faits cependant doivent trouver place ici car ils ont leur intérêt pour tous.

Un de ces faits, entre autres, que je relate le premier à cause de l'effet grandiose produit sur moi, est une invitation à déjeuner à bord que me font, un dimanche matin, les sous-officiers de la canonnière *l'Aspic*.

Depuis quinze jours l'*Aspic* est en rade de Sfax et, lorsque les seconds maîtres descendent à terre, je leur prête quelques chevaux pour faire des excursions. Par une camaraderie réciproque ils mettent à ma disposition leurs embarcations pour faire de temps en temps quelques parties en mer. Or, le jour de leur invitation à déjeuner, l'un d'eux vient me chercher dans la baleinière et, en une demi-heure, nous arrivons à l'*Aspic*.

En montant sur le pont, je suis témoin d'un spectacle inoubliable qui me frappe d'autant plus que je ne m'y attends aucunement. C'est l'heure de la revue ; tous les matelots en grande tenue sont rangés sur le pont. Un officier s'avance, se découvre et dit ces mots : « La Prière ! » Aussitôt un soldat récite l'*Oraison dominicale* et la *Salutation angélique*, au milieu d'un solennel silence. Le soleil est tout de feu dans un ciel tout d'azur ; les flots miroitent sous d'innombrables rayons ; et la prière se dit parmi ces fulgurantes clartés d'une atmosphère embrasée. J'ai rarement vu spectacle si grandiose. Le navire nage dans la lumière : la voix de l'homme s'élève, emportée sur des vagues resplendissantes ; et mon âme, pendant une minute, se perd dans l'infini de Dieu.

J'ignorais que cet usage fût encore observé dans notre temps de scepticisme. Le sera-t-il encore longtemps ? Je l'ignore. Il ne se pratique pas dans les paquebots des compagnies sur lesquels j'ai voyagé jusqu'ici. Il m'a fallu monter sur un navire de guerre pour être témoin de cette coutume émouvante.

Oh ! si l'on conserve encore un peu de foi, un peu d'idéal, un peu de poésie, on n'abolira jamais un acte aussi sublime que la prière en mer ; on ne fera jamais taire la voix de l'homme s'élevant, faible et harmonieuse de l'Océan pour monter vers la céleste immensité.

Ces spectacles de la mer sont toujours grands. Après la prière à bord, ce qui me frappe le plus, c'est le salut au pavillon. Tous les soirs, le pavillon est abaissé, tous les matins il est hissé : alors la trompette sonne et un coup de canon salue l'emblème de la France. A cette vue on sent quelque chose de solennel vibrer en soi. Cette grande idée de la patrie apparaît majestueuse comme l'océan et, lorsque les trois couleurs s'abaissent ou s'élèvent, saluées par la poudre et la trompette, on les salue aussi avec un cœur tout frissonnant d'émotion.

Un autre salut, non plus solennel comme celui du drapeau, mais typique et riant, est le salut fait à la pluie.

On ne connaît pas cela dans nos pays où la pluie a le don d'attrister l'âme autant que l'atmosphère. Mais ici la pluie est la bienvenue parce que, sans elle, les citernes sont desséchées et l'on ne peut avoir de l'eau potable pour boire ou pour laver qu'en allant la chercher à la source de Bir-Chabouni à huit kilomètres de distance.

Or, un matin (depuis plusieurs mois déjà il n'avait pas tombé d'eau, et la sécheresse était grande) mon ordonnance, un Breton nommé Plouhinec, brave et bon, arrive sous ma tente et me dit :

— Je ne sais ce qu'il y a de nouveau, voici toutes les femmes juives et maltaises qui ont mis leurs plus beaux habits et sortent de la ville en se dirigeant vers les grandes citernes. — Selle-moi mon cheval et je vais y aller voir, lui dis-je.

Je pars aussitôt, traversant de larges mares d'eau, car

il a plu à torrents toute la nuit. Cette averse diluvienne est la cause du contentement de la population. J'arrive bientôt aux Fesghuias ou citernes, et je me trouve en effet au milieu de toutes les femmes de Sfax, riant, babillant, voltigeant. Je leur demande ce qu'elles font : « Nous venons voir l'eau, » me répondent-elles. Elles viennent voir l'eau ! et se réjouissent de son abondance. Je m'amuse beaucoup à considérer cette joie naïve et légitime, inconnue à nos femmes de France si habituées à ne jamais manquer d'eau.

C'est la première fois que je me trouve au milieu de tant d'Africaines et leurs étoffes éclatantes, roses, vertes ou jaunes, que le vent fait flotter autour de leurs corps sous les premiers rayons du soleil matinal, donnent un aspect brillant à cette fête de la pluie. Durant quelques minutes, mon cheval caracole parmi ces joyeuses beautés et je me félicite d'avoir été témoin de cette scène pittoresque et rare.

Mais les mœurs de ces pays d'Orient ne sont pas toujours aussi poétiques ; elles prennent parfois des allures sauvages et fanatiques, et l'on est témoin d'un étrange spectacle pendant le rhamadan, le mois de la pénitence. Le sens religieux est tout matériel chez le musulman ; beaucoup de marchands dans leurs échoppes passent les journées à égrener des chapelets entre leurs doigts, tout en flânant, en fumant, en causant, en vendant ; ils n'ont aucunement l'air de penser à leur prière, mais le devoir est accompli, ils égrènent de nombreux chapelets ! Ils se courbent sous le joug de Mahomet dans un fanatisme grossier, mais leur cœur n'est pas baigné d'amour et leur intelligence n'est pas illuminée des célestes rayons de la divinité. Pour comprendre leur ridicule fanatisme et leurs pratiques insensées, il faut assister au rhamadan. Pendant trente jours, c'est un jeûne rigoureux qui dure toute la journée et est interrompu la nuit par des orgies. Jeûne et orgie quel esprit de pénitence ? quelle vertu bien comprise ! Où est l'âme dans ces pratiques irraisonnables Je n'y vois que la brute, la brute religieuse ou plutôt superstitieuse.

Dès l'aurore, un coup de canon retentit à la casbah de Sfax aussi bien que dans toutes les casbahs du vaste empire de Mahomet. Aussitôt des milliers d'Arabes se lèvent en criant : « Allah, ah ! ah ! » C'est un bruit de foule ondoyant pendant quelques minutes ; on dirait que tous ces musulmans s'agitent sous le souffle d'une furieuse insurrection et qu'ils veulent nous exterminer, nous les roumis envahisseurs. Mais bientôt tout ce bruit s'apaise : le jeûne a commencé. Durant tout le jour, ils ne prennent aucune nourriture, ne fument aucune cigarette, eux qui aiment tant fumer ! et n'approchent pas de leurs femmes. On les voit, hâves et tristes sous leurs grands turbans, se traîner par les rues et attendre, spectres faméliques en burnous troués, la fin de la journée avec une impatience d'animal qui ne jeûne que par la force.

Beaucoup ne jeûneraient pas ainsi s'ils n'avaient crainte, en manquant à l'impitoyable Coran, d'être punis de mort et déchirés par leurs semblables.

Nous avons attiré dans nos camps plusieurs Arabes et même des marabouts et, lorsqu'ils étaient assurés de ne pas être vus, ils buvaient furtivement le café que nous leur présentions.

Au coucher du soleil, un nouveau coup de canon

retentit ; les muezzins agitent le drapeau vert ; le même cri d' « Allah ! ah ! ah ! » s'élève dans les airs et, sans perdre une minute, tous allument leurs immanquables cigarettes. La vie est revenue parmi tous ces morts ; les mosquées s'illuminent, les minarets se décorent de verres de couleur, la ville s'est réveillée à l'entrée de la nuit : tous vont jouir du répit des ténèbres. A demain, la reprise du jeûne !

Ce spectacle de rhamadan est très intéressant à observer ; j'en ai été témoin plusieurs fois en Algérie comme en Tunisie et ma curiosité a toujours été excitée au même degré. Mais ce qui m'a toujours froissé, c'est notre espèce de participation à ces fêtes musulmanes. C'est nous qui tirons le canon signal du jeûne et signal de l'orgie, comme j'ai vu aussi tirer le canon pour célébrer la naissance de Mahomet.

Le musulman est l'ennemi du chrétien ; il le détruirait s'il lui en restait la force et si le chrétien pouvait être détruit. Et nous, naïfs dans notre tolérance imbécile, nous brûlons notre poudre en l'honneur de notre irréconciliable adversaire.

Je comprends qu'en vue d'apaisement et pour ne pas irriter le fanatisme arabe et occasionner de terribles insurrections, nous respections leurs pratiques religieuses (l'Evangile, du reste, ne veut pas employer la force pour convertir, mais la persuasion), je comprends que, dans nos conquêtes africaines, nous tolérions les marabouts et leurs appels à la prière du haut des mosquées ; mais ce qui me surpassera toujours, c'est qu'un gouvernement vainqueur soit assez condescendant, je ne veux pas dire plus, pour ordonner à ses artilleurs de faire tonner le canon, comme pour s'unir aux fêtes de l'islam. Cela dure depuis notre conquête de l'Algérie, et, comme les ordres de cette nature dans le métier militaire sont très routiniers à cause même de la discipline, il en arrive que cela menace de durer encore fort longtemps.

Au fond, les Arabes se moquent de nous : c'est un triomphe de leur religion sur la nôtre que l'on ne fête jamais ainsi.

Je voudrais, comme Français autant que comme chrétien, que cet abus cessât et, qu'au moins, si l'on ne veut pas convertir ces populations à notre sainte et catholique Foi, on n'aille pas se mêler à leurs excentricités fanatiques.

C'est une condescendance mal comprise ; d'autant plus que nous n'arriverons à dominer les Arabes de toute notre grandeur morale qu'en accomplissant hautement notre culte. Comme preuve de ce que j'avance ici, je veux dire un mot d'une solennité catholique qui rehaussa l'estime des Français dans les populations maltaises si profondément religieuses. L'Arabe lui-même nous détestait d'un degré de plus, parce que des sociétés italiennes et antifrançaises parcouraient la Tunisie en lui disant que nous ne croyions pas en Dieu. Il nous méprisait comme des athées. Le jour de la Fête-Dieu de cette année 1883 vint lui démontrer le contraire.

Le P. Antonio Bouhagiar, ce capucin dont j'ai déjà parlé et que le cardinal Lavigerie fit nommer dans la suite évêque coadjuteur de Carthage, obtint du commandant de la place de Sfax l'autorisation de sortir en procession au milieu de cette ville qui, sous le gouvernement arabe, n'avait jamais vu le Très Saint-Sacrement dans ses rues.

Un piquet de troupes accompagnait la procession ; des tentures ornaient tout le parcours ; des jeunes filles jetaient des fleurs, et le prêtre, en habits d'or sous le dais d'or, portait l'ostensoir. C'était d'une simplicité toute neuve en ce pays musulman ; c'était le plein air de la primitive Église sortant des catacombes. Le soleil déployait tous ses feux. C'était beau à ravir. Et les Arabes, qui ne connaissaient pas encore les pompes et la majesté de nos cérémonies religieuses, disaient émerveillés : « Cette fête des roumis est une fête du paradis. »

Mais ce qui porta l'enthousiasme à son comble, ce fut dans la rue Centrale, le poste des soldats français qui sortit pour rendre les honneurs. Au commandement si solennel de : « Présentez armes ! Genoux terre ! » à ce splendide mouvement militaire que je trouve incomparable devant le Dieu des armées, le prêtre éleva l'ostensoir et bénit nos troupes. Alors les Maltais qui tenaient le dais ne purent se contenir et crièrent : « Vive la France ! » Et ce cri plana vibrant au-dessus de nos soldats agenouillés. Une mosquée arabe était en face, morne et silencieuse ; la mer, au fond de la rue, étincelait ; je sentis mon cœur fondre d'émotion poignante, d'adoration et de fierté.

Le lendemain, le P. Bouhagiar, allant remercier le commandant de place, lui dit : « J'ai vu plusieurs marabouts que je fréquente, et je puis vous affirmer, mon colonel, que la procession d'hier a plus fait pour la France, vis-à-vis de nos populations, qu'un corps d'armée et plusieurs victoires... »

XIII

RETOUR A SOUSSE

Au mois d'octobre 1883, ma vie libre et indépendante dans mon beau rêve de Sfax se termine : je suis rappelé pour rejoindre à Sousse.

Ce rappel est devancé de quelques mois par le caprice d'un lieutenant-colonel d'artillerie dont je tais le nom, car il ne vaut pas la peine d'être cité. Cet officier était venu de Tunis nous passer en revue. Or, j'avais permis à mes hommes de construire des pigeonniers dans le camp : c'était une distraction bien innocente et nullement contre le bon ordre. Le lieutenant-colonel, ce jour-là, avait absorbé selon son habitude une certaine quantité d'absinthe, les pigeons du camp eurent le don de lui agiter les nerfs, il me fit une scène à laquelle j'étais loin de m'attendre et finit par me dire qu'il allait me faire relever de mon détachement. Probablement, lorsque sa fureur alcoolique fut passée, il ne voulut pas revenir sur sa parole et, en passant par Sousse pour s'en retourner à Tunis, il donna ordre au lieutenant qui commandait en ce moment la compagnie de me faire revenir.

C'est ainsi que le métier militaire, à côté de très nobles

Sousse. Le Port.

caractères d'officiers comme j'en ai connus, en a aussi quelques autres mesquins et brutes dont je ne parle ici qu'en passant, mais sans les juger car la discipline doit être sacrée et, avec elle, même sous de mauvais chefs, le soldat peut devenir fort pour vaincre ou héroïque pour supporter la défaite.

En quittant Sfax, je sens mon âme devenir triste ; une vie de quatorze mois indépendante en ce pays ensoleillé, ne se termine pas sans qu'on la regrette.

Le bateau vogue en pleine mer et m'emporte. Appuyé contre le bastingage, je regarde s'éloigner peu à peu la ville couchée sur son lit de sable. Mon cœur est gros.

Un collègue, que je rencontre à bord, voit mon émotion et me fait descendre dans la salle de l'entrepont pour causer. Quand je remonte sur le pont, Sfax, où j'ai goûté tant de bonheur, Sfax, la terre de la lumière et des palmiers, avait disparu pour tout jamais de mes yeux...

Mon existence à Sousse n'est pas aussi libre, et, cependant, je m'y habitue vite, car le pays aussi est bien beau.

Mes collègues sont gais et sympathiques; le service est assez compliqué ; il y a des journées que je passe entières à cheval, et cette vie active ne me laisse pas le temps de m'ennuyer ni de regretter.

Nous arrivons à la saison des grandes pluies et la vie sous la tente devient plus intime, à l'abri des ondées. Une bonne camaraderie règne entre nous et les sous-officiers de cette époque sont de ceux dont je conserverai le meilleur souvenir.

La compagnie est commandée par le lieutenant Lugnier, officier distingué que j'aime et que je suivrais jusqu'au bout du monde s'il le fallait. Il est d'un caractère large et droit; il est fier et poli; hardi cavalier. Avec lui, on ne regarde à rien pour faire son service entier et consciencieusement. De tels officiers savent ennoblir le métier militaire, et, avec eux, on devient soldat par goût.

Les pluies de cet hiver sont torrentielles; les chemins se changent en des ravines profondes; plusieurs rues de la ville sont submergées et la mer reste constamment houleuse; la tempête est dans l'air.

De notre camp posé sur une hauteur, on domine la Méditerranée par-dessus la pente des oliviers. Et bien souvent, durant cette mauvaise saison, je me surprends à regarder passionnément les flots gris roulant les uns par-dessus les autres et s'entre-choquant avec des brisements d'écume sur cette masse d'eau qui se gonfle et se soulève comme une poitrine haletante. Lorsque je surveille les corvées ou le pansage des chevaux, je tourne malgré moi les yeux vers cette mer qui, durant plusieurs semaines, ne cesse de s'agiter avec une sombre colère, et je la regarde avec amour. Je ne sais pourquoi la tempête a pour moi autant de charmes que le soleil.

Pendant la nuit, parfois je me réveille, le grondement sourd et infini des flots vient me bercer comme un rêve grandiose qui me captive. C'est un gémissement profond et mystérieux qui semble envelopper la terre et monte sans qu'aucun vent ne l'apporte. Longtemps, dans la suite, en y songeant, j'ai entendu en mon imagination ce bruit formidable, et maintenant encore j'aime à m'en retracer l'harmonie sauvage et plaintive.

Enfin, au mois de février, le ciel reprend son azur serein; le printemps se montre avec les arbres en fleurs dans l'air embaumé. Nous quittons le gourbis de pierre qui sert de salle à manger à notre popote de sous-officiers et installons notre table sous un large caroubier dont les branches, se courbant jusqu'à terre, forme une délicieuse tonnelle qui nous abrite contre les rayons du soleil. C'est là que nous nous réunissons deux fois par jour pour prendre nos repas. Il en a entendu de gais propos, ce caroubier ombreux, et de gaies chansons!

En sortant d'un de ces repas, un jour, je me promène en fumant parmi les oliviers d'alentour, lorsque je suis tout à coup distrait par une musique grossière et des cris discordants. Ce sont des Arabes en grand nombre qui s'avancent lentement portant des bannières aux couleurs du Prophète, jouant du tam-tam et du fifre, chantant et dansant. Ils viennent des douars de la plaine et rapportent le cercueil d'un de leurs muezzins mort déjà depuis longtemps; ils vont l'enterrer dans une kobba et ce sera le saint musulman du lieu. Les musiciens s'avancent sur un rang et frappent de toutes leurs forces sur des espèces de tambours de basque garnis de grelots. Devant eux, sur deux rangs de front et se tenant très serrés sous les bras les uns des autres, marchent à reculons une trentaine de fanatiques qui, les habits en désordre, exécutent tous ensemble des contorsions insensées, psalmodient quelques chants sur un rythme uniforme, puis poussent des cris sauvages. Autour de ces principaux acteurs, un grand nombre d'Arabes dansent à leur fantaisie. Ce sont des danses obscènes et dégoûtantes. Les uns ont leur turban déroulé et leur burnous défait; les autres sont presque nus. On dirait des êtres ivres célébrant les mystères de Bacchus, plutôt que des hommes célébrant les mystères de la mort.

XIV

NOTES RAPIDES DE MON JOURNAL DE VOYAGE A MARSEILLE, CONSTANTINE ET TUNIS

Le 1er mai, je suis choisi pour conduire un détachement en France. Encore un beau voyage qui se prépare ! J'en tressaille de joie.

Vendredi 2 mai. — Je m'embarque à Sousse avec quarante-cinq hommes et cent trente chevaux que je suis chargé de conduire à Oran après en avoir laissé quelques-uns à Marseille. A cinq heures du soir, le bateau quitte Sousse et, durant deux heures encore, la gigantesque masse noire du mont Zaghouan apparaît dans l'horizon doré du soleil couchant.

Samedi 3 mai, à quatre heures du matin, nous mouillons à La Goulette. Je ne débarque pas, car ma responsabilité est trop grande en ce moment ; il me faut rester à surveiller le détachement de mes nombreux chevaux. Je

La Goulette.

passe toute la journée sur le pont au milieu du golfe de Carthage dont la mer, calme et radieuse, brille comme une vaste nappe d'argent. C'est une journée de lumière. Le navire se balance au soleil et moi, n'ayant rien à faire qu'à rêver, j'explore avec ma jumelle marine toute la côte de cette belle rade. Les plus beaux souvenirs de l'histoire défilent devant ma mémoire en ce lieu, l'un des plus célèbres de la terre.

A six heures du soir, le navire lève l'ancre et nous nous dirigeons vers la France. A neuf heures, je suis encore sur le pont; l'air est frais, les étoiles brillent et se reflètent dans une onde transparente; la lune brûle silencieusement comme un divin flambeau devant le trône du Créateur. Je quitte à regret cette nuit pure et rêveuse pour descendre me coucher.

Dimanche 4 mai. — Mer splendide. Le bateau file rapidement. Nous sommes inondés d'azur entre les flots et le ciel.

Je songe qu'aujourd'hui dimanche est le jour du Seigneur et j'élève vers lui mon âme en m'unissant de cœur et de pensée à toutes les messes dites dans l'univers.

Nous longeons les côtes de Sardaigne; quelques rochers s'élèvent solitaires et nus; au loin, plusieurs voiliers poursuivent leur route, semblables à des oiseaux égarés sur ces eaux sans bornes. Vers midi, terre, rochers, voiliers, tout a disparu : nous sommes seuls sous l'œil de Dieu, dans l'immensité.

Nous avons embarqué un soldat qui a perdu la raison en apprenant la mort de sa fiancée. On le fait manger à travers les barreaux d'une cabine. Tantôt il crie, tantôt il se précipite sur le plancher et tantôt il pleure. Ce spectacle est infiniment triste. La divine étincelle de l'intelligence ne brille plus au front de cette créature humaine !

5 mai. — A sept heures du matin, je débarque dans le port de Marseille et, là, j'apprends que je ne vais pas à Oran, comme je l'espérais, car tous mes chevaux doivent rester en France. C'est une déception pour moi si avide des voyages.

Je passe la journée entière à livrer mes animaux en bon ordre, à courir à la place, au corps d'armée, à l'intendance, etc... Tout mon travail n'est terminé que vers le soir. Mes hommes sont mis en subsistance au fort Saint-Jean. Nous ne devons rembarquer que le 8 mai. Marseille présente un aspect assez curieux en ce moment : des feux sont allumés de place en place au milieu des rues à cause du choléra qui règne assez fortement, et les cafés sont bondés de consommateurs qui boivent du rhum pour prévenir la terrible épidémie.

6 et 7 mai. — Je parcours Marseille, allant de la Cannebière au Palais Longchamps, du Prado à Notre-Dame de la Garde, de la Corniche à Saint-Victor.

Le fort Saint-Jean, où je couche, commande l'entrée du Vieux-Port, qui disparaît sous une forêt de mâts. On est là au cœur de la vieille cité phocéenne; en face, s'élève la colline au pied de laquelle vint aborder la barque de Lazare et de Marie Magdeleine. Cette colline s'élance du Vieux Port, le dominant de toute la masse grise de ses vieilles maisons; sur ses flancs, l'église

Saint-Victor étale ses créneaux comme une forteresse. Plus haut, dans le ciel, plane Notre-Dame de la Garde.

L'église Saint-Victor est la plus curieuse que je connaisse ; lorsqu'on approche de ses murs lézardés et noircis par le temps, qu'on contemple sa formidable couronne de créneaux, on ne se doute guère que cette construction du moyen âge est une église. Et cependant, une fois entré, comme une émotion mystérieuse vous saisit ! Ce fut un monastère célèbre dans son temps. On descend dans des cryptes qui renferment plusieurs tombeaux des premiers chrétiens et l'on prie dans le souterrain de Saint-Lazare et de Sainte-Magdeleine. Il y a là encore un intéressant spécimen des confessionnaux des Catacombes. Une colonne taillée dans le roc est distante du mur de quelques centimètres : c'est à travers ce petit espace que le pénitent, agenouillé par terre, faisait la confession de ses fautes au prêtre assis de l'autre côté de la colonne sur un siège de pierre également taillé dans le rocher. Cette simplicité primitive, en ce lieu obscur, saisit ; le cœur bat au souvenir de ces chrétiens obligés de cacher sous terre la lumière de Dieu.

De l'église Saint-Victor, un chemin escarpé conduit à Notre-Dame de la Garde. A mesure que l'on monte, l'horizon s'élargit. Arrivé en haut, on jouit d'un panorama indescriptible. Marseille est ramassée à vos pieds dans ses collines, comme un nid géant posé au bord des flots qui le caressent. Malgré le mouvement intense de cette cité, aucun bruit n'arrive à cette hauteur ; la grande voix de la mer seule monte mêlée à une brise éternelle, et la ville semble paisiblement reposer sous le ciel serein. Si l'on ne venait pas de la quitter et d'être mêlé à sa vie, on ne pourrait croire, de là-haut, qu'une agitation si passionnée règne dans les rues de Marseille immobile. Il faut tourner les yeux vers le port de la Joliette pour voir que là-bas on se remue encore ; des navires sortent, d'autres rentrent. Et la mer, toujours bleue, est sillonnée de voiles blanches ; les îles du Frioul, le château d'If dorment au milieu des vagues. Les tours des vieilles églises et les clochers de la nouvelle cathédrale de marbre lèvent leur front au-dessus de la ville comme pour veiller sur elle et prier plus près du ciel.

Dans l'atmosphère limpide, le vent du large souffle avec violence, mais que peut sa fureur contre Notre-Dame de la Garde qui s'élève majestueuse dans l'espace ? Jamais je n'ai si bien compris ce nom d'Etoile de la Mer, donné à Marie, qu'aujourd'hui en contemplant la statue dorée de cette bonne Mère qui se dresse au-dessus de la basilique, semblant commander à l'infini des flots, à l'horizon sans bornes.

La bonne Mère ! les Marseillais ne connaissent la sainte Vierge que sous ce nom.

En descendant la longue pente de la montagne de la Garde, on rencontre un square orné d'une colonne élevée à la mémoire du sculpteur Pierre Puget.

Les églises de vieux style sont nombreuses à Marseille ; on rencontre à chaque pas des monuments, témoins de l'antique foi chrétienne : l'église Saint-Laurent près du fort Saint-Jean, la Major, près de la nouvelle cathédrale et dans laquelle repose Mgr de Belzunce, Saint-Martin que, malgré son beau style ogival, de modernes Vandales veulent bêtement abattre pour percer une rue ; les Réformés, dont les arceaux gothiques décorent le beau boulevard faisant suite à la Cannebière ; le couvent des oblats surmonté d'un svelte clocher, l'église est du xiiiᵉ siècle. Je ne puis pénétrer à l'intérieur, les scellés des décrets sont apposés sur la porte. Les religieux ont été chassés ; les nefs délaissées, et les arceaux déserts restent là, silencieux, semblant rêver à l'encens qui ne les embaume plus et à la voix céleste des orgues qui ne les fait plus frissonner d'harmonie. C'est bien triste, une église fermée ! On dirait que l'ange de la Prière s'est envolé, comme l'âme s'envole du corps, emportant le feu, l'amour, la lumière, l'immatérielle pensée, l'espérance et la vie.

Après les églises de Marseille, il faut citer la Bourse avec ses colonnades ; en face, les beaux cafés de la Cannebière ; le palais Longchamps avec sa grondante cascade, la préfecture avec sa majestueuse et large façade et le palais Borelli qui sert de musée d'archéologie et renferme de curieuses antiquités grecques et romaines découvertes dans la vieille cité phocéenne, surtout quelques tombeaux de pierre ayant renfermé les corps de plusieurs saints.

La plus merveilleuse promenade que l'on puisse faire est d'entreprendre le grand tour par les allées Meillant, de remonter et de suivre, sous les ombrages de platanes, la vaste avenue du Prado s'ouvrant, claire, sur les profondeurs de la Méditerranée et, de là, redescendre dans Marseille par la Corniche. Oh ! cette Corniche, taillée dans le flanc des rochers et longeant le rivage sur un parcours de plusieurs kilomètres, est incomparable ; j'y fais une excursion tout ensoleillée, tout inondée d'azur, tout embaumée de mer.

8 mai. — Adieu, enchanteresse Marseille !... Nous embarquons sur le transatlantique *la Corse* et quittons encore une fois la France.

Le temps est beau et je crois que nous aurons une bonne traversée.

A la tombée de la nuit, nous sommes déjà loin de la terre qui disparaît dans la brume.

Après le souper, je monte sur le pont ; les étoiles brillent dans un ciel si pur que je reste à songer jusqu'à onze heures du soir. Les flots miroitent sous les rayons de la lune ; le silence est solennel sur ce vaste désert des ondes ; on n'entend que les vagues qui ne font que bruire et le navire qui s'avance baigné dans la lumière.

Je reste longuement immobile, ébloui, puis enthousiasmé, élevant mon cœur vers le Dieu de tant de beauté, je descends me coucher, après avoir jeté un dernier regard aux étoiles qui scintillent toujours.

9 mai. — La journée entière est calme et brillante ; on ne voit que le ciel et l'eau ; quelques marsouins nagent gracieusement autour du navire et se jouent dans l'eau transparente ; nous voguons à travers l'immensité silencieuse et bleue. Le soir est, comme tous les autres soirs, plein de rêveries, d'étoiles, et de bruissements des flots.

10 mai. — A cinq heures du matin, nous arrivons à Philippeville (Rusicada romaine). Je débarque avec deux gendarmes, mes compagnons de voyage, que j'ai déjà connus à Sfax. Comme le bateau ne doit repartir qu'à minuit, la pensée nous vient tout à coup d'aller voir Constantine ; pensée téméraire, car cette ville, étant située à 86 kilomètres de là, le chemin de fer met quatre heures à s'y rendre : il n'y a que deux trains par jour et si, par malheur, un accident arrivait en route, nous ne pourrions reprendre notre bateau le soir, ce qui serait très grave devant l'autorité militaire. Mais la curiosité, mêlée à un peu d'esprit d'aventure, nous pousse et, sans retard, nous mettons notre projet à exécution. Le sort en est jeté !... Le train nous emporte à travers des montagnes, des broussailles ou des coteaux bien cultivés. Nous passons successivement près de jolis villages tels que Damrémont, Saf-Saf, El-Arrouch, le Col-des-Oliviers, Condé-Smendou et Hamma. En chacun de ces villages tout neufs, il y a une église et un clocher. On est heureux de retrouver Dieu partout.

A dix heures du matin, nous apercevons la Casbah de Constantine située à une grande hauteur sur un rocher abrupt. Nous côtoyons de formidables murailles de rocs et, après avoir passé sous le tunnel creusé dans la montagne, nous arrivons en gare.

Constantine est l'antique Cirta romaine, célèbre par ses martyrs et ses évêques dans les premiers siècles de l'Eglise. Sa position est unique au monde ; elle est juchée sur un immense rocher isolé du reste des montagnes par un ravin effrayant qui se coupe à soixante mètres de profondeur dans d'autres rochers à pic. Au-dessus de ce ravin, au fond duquel coule le torrent du Rhummel, est jeté le pont El-Kantara. C'est la seule entrée de Constantine.

Il faut voir ce gigantesque entassement de rochers pour avoir une idée des tours de force qu'ont dû faire nos soldats lorsqu'ils ont pris d'assaut cette place considérée comme imprenable.

N'ayant que quelques heures devant nous, nous déjeunons à la hâte, puis nous parcourons la ville, visitant le vieux quartier plein de guenilles où s'entasse la population juive et arabe, la grande mosquée avec ses arabesques, les nouveaux squares où se trouvent la statue du maréchal Valée et celle du général Damrémont tué à la prise de Constantine, et enfin la belle église de style mauresque qui, d'ancienne mosquée, est devenue la cathédrale.

Nous montons à la Casbah et plongeons nos regards dans un gouffre de plus de cent mètres de profondeur dans lequel les Arabes précipitaient les femmes adultères.

Nous faisons ensuite le tour de la ville, longeant les précipices qui l'environnent : ce sont des fortifications naturelles et grandioses. L'endroit nommé l'Entrée-du-Rhummel est surtout d'un aspect sauvage et magnifique : on le considère d'un petit pont de bois étroit, lancé sur le torrent : celui-ci s'engouffre dans une sombre gorge ouverte entre deux rochers de quatre-vingts mètres d'élévation au-dessus desquels on aperçoit un vague pan noir de murailles... Et le torrent s'en va dans l'abîme... Et je reste plusieurs minutes à contempler ces hauteurs dont le sommet, de l'endroit où je suis, ne pourrait être atteint que par un aigle.

C'est près de là, en remontant d'autres rochers, que l'on voit le lieu où plusieurs martyrs de Cirta répandirent leur sang pour la Foi.

Nous continuons ainsi le tour de la ville par des ravins et des sentiers abrupts, au milieu d'un paysage d'une altière beauté, et enfin, à quatre heures, le chemin de fer nous entraîne vers Philippeville.

A huit heures, nous sommes à bord. Quelle bonne

journée ! Nous avons bien fait de mettre à exécution notre téméraire projet.

A minuit, on lève l'ancre et nous voici encore une fois au milieu des flots, comme si nous étions seuls au monde, seuls avec le ciel, la mer et Dieu.

11 mai. — En plein soleil, nous entrons dans le beau port de Bône et, le bateau devant mouiller quelques heures, je me hâte d'aller parcourir les endroits où nous avons déjà campé il y a trois ans, surtout la jolie promenade de la Porte-des-Caroubiers qui surplombe la mer et, par son plein air d'azur devant la profondeur de l'horizon, fait ressouvenir de la Corniche de Marseille.

J'aurais voulu revoir le tombeau de saint Augustin et les ruines d'Hippône, mais le temps me manque et je n'en puis apercevoir que les oliviers au loin sur la colline. A ce tombeau, à ces ruines j'adresse un souvenir et une prière.

A trois heures de l'après-midi, nous quittons Bône et mouillons, à cinq heures, devant la jolie petite ville de La Calle respirant là comme dans un frais nid de verdure. Nous n'en repartons que deux heures après.

Même temps, même nuit claire, mêmes concerts des vagues que durant les soirées précédentes.

12 mai. — A quatre heures du matin, je suis réveillé par les réflexions de plusieurs passagers au sujet d'un épais brouillard. Je me lève à la hâte et je monte sur le pont où je m'aperçois, en effet, qu'on ne distingue rien à quelques mètres autour de soi. Le navire est arrêté au milieu de la mer, de peur d'aller se briser sur la côte ou de rencontrer un autre bâtiment. La machine siffle sans discontinuer comme si l'on était en détresse : ce sifflet ressemble à un mugissement effrayant. Pendant trois heures nous ne savons que penser. Enfin le brouillard se déchire et nous apercevons le cap Carthage au-dessus duquel se dresse le blanc village arabe de Sidi-Bou-Saïd dans une auréole de laiteuse lumière.

Une heure après, nous sommes à la Goulette où je dois attendre, trois jours, le transatlantique qui nous conduira à Sousse.

Toute cette première journée est consacrée à mon détachement. Il me faut faire les bons de vivres, les états de solde, toucher les objets de campement pour la soupe et le café ainsi que trois grandes tentes coniques. J'obtiens ensuite du commandant de place l'autorisation d'aller, la journée suivante, visiter Tunis.

Le soir, nous établissons notre camp sur le rivage, au pied des ruines de Carthage, et c'est au milieu de douces rêveries, qu'après avoir, jusqu'assez avant dans la nuit, respiré l'air frais d'une douce brise, je m'endors, sous ma tente, au bruit des flots qui viennent caresser ces ruines depuis tant de siècles.

13 mai. — Je passe ma journée entière à Tunis, la célèbre ville barbaresque ; mais je ne la décrirai que plus tard, lorsqu'après y être revenu, je la connaîtrai davantage. Le soir, à sept heures, je suis de retour aux sables de Carthage et, au milieu du silence qui plane sur le cap et les ruines, je repasse en mon imagination tout ce que j'ai vu aujourd'hui, puis je m'endors tandis que ma pensée se berce, à côté des flots, dans un songe de mosquées, d'arabesques, de minarets et de moucharabis.

Le lendemain, dès mon réveil, je prends un bain de

Sidi-Bou-Saïd village arabe sur le cap Carthage.

mer. En sortant de ma tente, je n'ai que quelques mètres de sable à franchir et je me plonge délicieusement dans les flots. Je nage avec ivresse et, pendant que mon corps se rafraîchit dans les ondes, je laisse mes yeux errer dans l'inaltérable sérénité du ciel et mon âme se perdre dans un monde de souvenirs. Ne suis-je pas en face des collines ondoyantes et nues de la célèbre Carthage ?

Après mon bain, je règle le service de mon détachement et je vais visiter la Marsa, palais d'été où le Bey réside en ce moment.

Je monte ensuite rêver sur les ruines de Carthage : c'est là que je passe la fin de ma journée... Mais je me tais ; comme je reviendrai ici dans quelques mois et que ce sera ma dernière halte sur le sol africain, c'est par un suprême adieu à ces ruines immortelles que je terminerai mes souvenirs de Tunisie.

15 mai. — Nous embarquons pour Sousse. La soirée est solennelle et mystérieuse sous un ciel illuminé de lune et d'étoiles, dans un silence troublé seulement par le bruit monotone du navire glissant sur l'onde.

Nous passons près d'un sombre rocher dont la masse noire et immobile dort au milieu de la mer ; bientôt ce géant difforme disparaît derrière nous. Le bateau file rapidement. Nous sommes seuls dans l'immensité rayonnante, seuls sous la tente diaphane du ciel.

Le lendemain, débarqué à Sousse, je rends compte de ma mission et je reprends la vie régulière du camp.

XV

SOUSSE

Sousse est bâtie sur les ruines de l'antique Hadrumète, la capitale de la Bysacène romaine dont la fertilité du sol, la douceur du climat et la beauté du ciel attiraient les riches romains, qui venaient là vivre et mourir dans les délices. C'était la terre de retraite, la terre de repos des vainqueurs de l'univers. Ils avaient couvert cette province de villes splendides, de maisons de campagne, de jardins et d'aqueducs. De tout cela, il ne reste plus que des ruines dans des sites toujours ravissants.

C'est là, sur les ruines d'Hadrumète, que j'eus les plus belles visions de la splendeur des colonies romaines d'Afrique. En face de ce golfe si harmonieux dans ses contours ambrés que viennent divinement lécher des flots toujours bleus, auprès de ces plages d'une incomparable mollesse et d'une voluptueuse douceur, à l'ombre de ces collines sur lesquelles poussent de nombreux oliviers, palmiers et caroubiers dont chaque racine serpente au milieu de pierres et de constructions romaines, j'eus de chatoyantes visions sur la magnificence des maîtres du monde, sur leurs palais de marbre, sur leurs mosaïques, sur leurs monumentales citernes et sur le goût qu'ils avaient de savoir choisir les contrées les plus enchanteresses. Mais j'eus aussi d'autres visions plus lumineuses encore, visions qui ravirent mon cœur de chrétien au souvenir des martyrs nombreux dont le sang arrosa cette terre luxuriante. Hadrumète est, avec Carthage, Cirta et Hippone, une des villes les plus célèbres de la glorieuse Église d'Afrique. Je ne parle pas ici de ses évêques et de ses martyrs illustres, car d'autres en ont parlé mieux que moi, et leur histoire est trop longue pour être rapportée dans ces quelques pages de souvenirs. Qu'on lise l'*Histoire de l'Église d'Afrique* par Mgr Dupuch, et l'on verra l'immense armée des héros de notre religion sainte revivre devant soi sur ces plages maintenant musulmanes et presque désertes.

A 12 kilomètres d'Hadrumète, une autre ville eut aussi son renom dans les annales du christianisme, c'est Monastir, l'antique Ruspe ou Ruspina. On y voit encore, pratiquées dans des îlots rocailleux au milieu de la mer, des grottes qui servirent souvent d'asile aux premiers chrétiens durant les persécutions et devinrent ensuite de solitaires retraites abritant des moines.

J'allai, un jour, me promener à cheval, avec un de mes camarades, sur le cap où s'élève la blanche Monastir dans ses bosquets de palmiers, et, ce jour-là, la nature était tellement ensoleillée, tellement rayonnante, que j'en rapportai un souvenir de poésie qui m'imprégna d'un ravissement indicible et qui, loin de s'effacer, ne fut jamais diminué, même par les riants rivages que je vis depuis en Italie, la terre classique de la beauté.

Ruspe et Hadrumète ! En songeant à leurs martyrs chrétiens, je suis émerveillé de la puissance morale d'une religion qui donne l'incomparable courage de supporter d'atroces tortures dans un pays où les sens sont enivrés de mollesse et d'où découle la plus délirante des voluptés.

A l'intérieur, Sousse, avec ses rues étroites, ses soucks, ses moucharabis, ses maisons fermées et ses mosquées, ressemble à toutes les autres villes arabes ; mais elle prend un aspect féerique lorsqu'on la considère du haut de la porte Bab-el-Garbi percée à la partie supérieure des remparts et sous laquelle on passe en arrivant du côté des oliviers de la grande plaine kairouannaise. De cet endroit, la vue plonge au-dessus de la ville jusque dans l'immensité de la Méditerranée ; les terrasses des maisons descendent en amphithéâtre au-dessous les unes des autres jusqu'aux remparts inférieurs dont les créneaux paraissent servir de collerette à la grande mer qui, par un curieux effet d'optique, semble s'élever à son tour dans le sens contraire comme pour dominer de tout son vaste azur la ville entière de Sousse la Blanche. Lorsque le soleil brille et que les flots étincellent, la vue, en cet endroit, devient un éblouissement. Et, durant des mois entiers, chaque fois que je passais par là, je m'arrêtais pour considérer ce spectacle et j'étais aussi émerveillé que si je le voyais pour la première fois. C'est le triomphe de la lumière sous ce ciel toujours lumineux.

En plusieurs autres endroits de la ville, on a encore quelques belles échappées de mer, mais non aussi splendides que celle-ci.

A côté de la poésie, il faut parfois patauger : c'est ce

que l'on fait dans les rues de Sousse qui sont souvent d'une extrême malpropreté et deviennent impraticables quand il pleut. Ces villes arabes ne sont faites que pour le soleil, sous la pluie elles se changent en bourbier. Mais ce n'est qu'un petit désagrément bien vite oublié quand on vit au milieu des enchantements de cette nature africaine.

L'entrée de la Casbah, forteresse et palais des gouverneurs tunisiens, est ornée de belles arabesques.

Plusieurs maisons, avec leurs vérandas, leurs fenêtres aux grillages de bois et leurs cours de marbre, font rêver aux aventures tant contées des fées et des princesses orientales.

Cependant, ce que je n'ai vu seulement qu'à Sousse et ce qui m'a frappé par son originalité, c'est une citerne ne ressemblant à aucune de celles que j'ai rencontrées dans le reste de la Tunisie. Au-dessous d'une maison, un escalier de pierre étale ses degrés droits et sans rampe. Par cet escalier, on se figure descendre dans une vaste basilique romaine à demi submergée où les regards se perdent à travers des entre-colonnements obscurs. On arrive bientôt au niveau de l'eau qui couvre cette vaste enceinte jusqu'au milieu de sa hauteur. De nombreuses colonnes de marbre, soutenant la voûte, émergent de ces eaux comme des tiges vigoureuses qui fleurissent en beaux chapiteaux d'acanthe. Cela forme un spectacle étrange qu'on ne voit nulle part, et l'on voudrait voguer en bateau pour aller à la découverte des mystérieuses profondeurs de ces travées et de ces cryptes baignées par les ondes. On respire là une grande fraîcheur et l'eau, qu'on y puise en grande quantité pour la troupe, est excellente.

A part cette citerne curieuse, tout est arabe maintenant dans la ville de Sousse ; le romain ne se retrouve qu'en dehors des remparts. Mais qu'elle devait être belle, cette cité d'Hadrumète, à en juger par les précieuses mosaïques que l'on y découvre sous les sables ! Qu'elle était riche cette province d'Afrique, véritable paradis de Rome ! Je connaissais déjà la grandeur des monuments romains, car j'avais visité les majestueuses arènes d'El-Djem et bien d'autres ruines, mais je ne m'étais jamais imaginé la magnificence et la beauté des détails qui embellissaient les demeures particulières. Je suis éclairé maintenant sur ce point, en ayant la bonne fortune de visiter les belles mosaïques que l'on vient de découvrir et sur lesquelles on a élevé des toiles de tente pour les abriter. Elles sont gardées par un poste français établi exprès autour d'elles.

Ces mosaïques, très bien conservées, ont au milieu de ces sables dorés une saveur locale qu'elles n'auront plus dans nos musées. Elles forment des parquets de marbre de toutes les couleurs et représentent des fleurs, des rosaces, des lions, des panthères, des chevaux, des singes jouant de la guitare, des génies voguant sur des dauphins, des bateliers, des combats d'animaux, des gladiateurs, des sphinx.

Nous retrouvons surtout ces mosaïques au sommet de collines qui dominent la mer. Dans ma pensée, je reconstitue les monuments dont elles faisaient partie et c'est avec ravissement que je crois voir se dresser devant moi ces délicieuses villas romaines où tout le confortable et tous les plaisirs étaient réunis. Oh ! comme on revit de souvenirs sur ce sol de l'antique Hadrumète ! Tout y est enchanteur, et l'imagination s'exalte au milieu de mille rêves que font naître ces mosaïques de vingt siècles.

Mais bientôt ces festins, ces concerts, ces orgies, dans lesquels les Romains excellaient avec tant de raffinement, je les oublie pour ne plus contempler que leur merveilleux cadre formé par toutes les splendeurs d'un ciel éblouissant, par des jardins de caroubiers et de vignes, et surtout par la masse des flots d'azur qui dessinent les lignes harmonieuses des rivages d'or du golfe d'Hammamet. J'oublie les maîtres du monde et je considère longuement toutes ces magnificences de la nature qui entouraient ces luxueux palais et qui devaient tant ajouter à l'enivrement des sens vainqueurs de l'âme immortelle qu'on ne connaissait plus.

Pour donner une idée de la splendeur de ce pays, je vais détacher ici quelques notes de mon journal de chaque jour. C'est un peu personnel, mais la couleur locale y est attachée. Du reste, je ne suis pas le seul à sentir ainsi, et mes sentiments particuliers, sous ce beau ciel, sont les sentiments de beaucoup. Quels sont les yeux d'artistes ou de poètes qui n'ont pas vu, en Afrique, les mêmes couleurs, les mêmes teintes, les mêmes rayons que moi ?

Voici donc ces quelques notes qui résument ma vie passée à Sousse pendant le délicieux printemps de 1884 :

31 mars. — Je fais des promenades exquises depuis quelques jours. Le ciel est si bleu, l'air si pur, la mer si calme, la plaine si verdoyante, les caroubiers si pleins d'ombrage, qu'il est impossible de ne pas s'enivrer de poésie..

1ᵉʳ *avril*. — Je pars à six heures du matin, alors que la nature toute pleine de fraîcheur ne semble vouloir se réveiller qu'à la douce voix de la fauvette, et je vais, par des chemins bordés de grands cactus, vers un lac situé à 5 kilomètres au sud de la ville. Les rives de ce lac sont tapissées d'un fin gazon émaillé de fleurs ; çà et là, de mystérieux bosquets d'oliviers. Il faudrait, pour dépeindre ce paysage, la plume de Fénelon décrivant l'île de Calypso. Tout y est frais et verdoyant ; la vie déborde de toutes parts, dans les parfums des plantes, dans les flots scintillants, dans les chants des oiseaux, dans le galop de nos chevaux troublant ces lieux solitaires, et surtout dans mon cœur enthousiasmé qui s'élève vers Dieu, le prie, l'adore et le remercie.

Du lac, je me dirige vers un village qui se cache au milieu des arbres et qu'une blanche mosquée fait deviner. Nous traversons ce village au pas ; les indigènes nous regardent d'un air défiant, les femmes et les enfants se sauvent. Enfin nous reprenons la route et, piquant un dernier trot au milieu d'une forêt d'oliviers, nous revenons au camp à huit heures du matin.

2 *avril.* — Les bords de la mer aujourd'hui sont témoins de l'ardeur de mon cheval et de l'enthousiasme de mon âme. Je vais, en suivant le rivage, vers un grand lac salé situé à 12 kilomètres de Sousse, du côté de Monastir. Les flots viennent sans discontinuer mourir aux pieds de ma rapide jument ; mes yeux se perdent au delà des lointains horizons de la mer, mon cœur s'élance vers le ciel et ma courageuse monture galope toujours, dilatant ses narines aux sauvages senteurs du varech. Je

quitte ensuite brusquement le rivage pour aller contourner le lac Salé, et je reviens à Sousse par un chemin pittoresque au milieu d'une plaine couverte d'herbes épaisses qui ont encore conservé la rosée de la nuit.

3 avril. — Je me dirige vers Kala-Srira, village où nous nous sommes battus, il y a deux ans, avant d'aller prendre Kairouan. Le ciel est toujours aussi pur, mon cheval aussi léger, la nature aussi calme, aussi verte, aussi parfumée. Je traverse d'abord de nombreuses plantations d'antiques oliviers aux tronc noueux ; puis tout à coup la plaine s'élargit et devient aride et pierreuse. Pendant que ce terrain inculte défile sous moi à la course, mon âme et mes yeux galopent dans le ciel et se noient dans l'azur limpide qui plane sur ma tête. Je traverse ensuite le large lit desséché de l'Oued-Laya et, par des chemins creux couverts d'ombrage, je monte à l'entrée de Kala dont je traverse la rue principale. Plus de cent cinquante Arabes sont couchés avec indolence dans cette rue ; ils me regardent passer curieusement et continuent, avec un semblant d'indifférence, de fumer leur narghilé ou de boire leur café maure. Je monte jusqu'à la Casbah, dont la tour blanche et carrée domine le village qui s'étend mélancoliquement le long de la colline, puis je tourne à droite par un sentier creusé sous de hauts cactus et je m'éloigne de Kala, pendant que les chiens kabyles aboient furieusement contre notre petite troupe.

4 avril. — Je longe le rivage du côté gauche de la ville ; le sable est jaune et fin, les flots viennent s'y étendre en chantant et en décrivant des courbes gracieuses qui se retirent et reviennent aussitôt, jamais semblables mais toujours coquettes, harmonieuses. Le soleil brille au milieu d'un azur transparent et sans fond ; tout nage dans une lumière infinie ; tout est immense, le ciel, la mer et mon cœur. Mon cheval même semble recevoir quelques-unes de mes impressions et il m'emporte toujours, toujours en avant. Je passe au bord de magnifiques tapis de verdure et de fleurs qui se déroulent sur le sable de la plage ; on dirait qu'une main de fée est venue, ce matin, répandre des milliers de roses sur un fond verdoyant pour former un parterre enchanté. Çà et là, de blanches maisons de campagne arabes, juives ou maltaises s'élèvent solitaires à l'ombre des bois de palmiers et d'oliviers. Les figuiers, les vignes, les grenadiers, les aloès croissent avec abondance. A quel divin génie, à quel archange Dieu a-t-il donc confié cette nature orientale si pleine de magnificence ?

Après deux heures de courses, je reviens au camp, accablé de poésie, de rêves, d'enthousiasme et de soleil.

6 avril. Dimanche des Rameaux. — A trois heures de l'après-midi, je monte à cheval en compagnie de cinq autres sous-officiers et, sous des flots de lumière, nous galopons près des flots bleus : le ciel, la mer, la nature entière, tout est baigné par des torrents de soleil.

Après avoir franchi le lit d'un oued, nous descendons, par des chemins enfouis à l'ombre de hauts cactus, vers un village au milieu duquel sont rassemblés beaucoup d'Arabes ; les femmes se cachent à la hâte ; les hommes et les enfants nous regardent avec curiosité. Nous nous arrêtons ; mes collègues restent à cheval ; moi, je mets pied à terre pour montrer aux habitants que je me confie en leur hospitalité. J'ai bien une certaine défiance au fond du cœur, mais je la surmonte et me fais servir du café maure.

Tout d'un coup, j'entends une rumeur approcher, puis je vois une troupe nombreuse de jeunes Arabes qui s'avancent avec grand bruit et entourent un nègre. Celui-ci est grotesquement attifé ; des lambeaux d'étoffes tombent, dentelés, devant ses jambes ; sur son dos il porte un singe et un tambour ; sur sa tête est un bonnet de peau à longs poils avec des grelots ; ses pieds sont nus ; sa face est difforme et rendue plus hideuse par de grosses lèvres rouges : un serpent lui pend au cou. Il se met à faire peur aux jeunes enfants, puis il rit bruyamment en ouvrant une bouche énorme. Ensuite, jouant d'une musique grossière, il commence une danse effrénée qui amuse beaucoup les Arabes. On lui donne une tasse de café qu'il avale d'un trait et reprend aussitôt son interminable danse. Ce serait effrayant et l'on se demanderait où veut en venir cet être qui n'a plus l'apparence d'un être humain, si l'on ne savait que ces sortes de bouffons sont un des divertissements aimés par les Arabes des villages.

Nous nous attardons à considérer cette danse qui n'a pourtant rien d'esthétique et, lorsque nous quittons le douar, le nègre saute encore. Nous faisons une dernière course au milieu de cette nature qui nous illumine et nous arrivons au camp à l'heure de nous mettre à table.

9 avril. — Je fais mes Pâques durant une de ces proménades printanières qui m'ensoleillent depuis plusieurs jours. Si je ne profite pas de ces manœuvres matinales, je risque fort de ne pouvoir remplir mon devoir pascal, car, une fois rentré au camp à huit heures, on n'en peut plus sortir qu'à midi.

Je conduis donc, ce matin, mon peloton sur le rivage, je fais mettre pied à terre à mes hommes, je leur donne ordre de m'attendre trois quarts d'heure et, suivi d'un cavalier qui doit tenir mon cheval durant le temps que je serai à l'église, je vais accomplir mon devoir de chrétien.

C'est bien bon de remonter à cheval avec le ciel dans le cœur et d'emporter son Dieu en galopant sur les bords d'une mer tout étincelante ! . . . .
. . . .

XVI

QUELQUES RÉFLEXIONS

Dans cette splendide province de l'antique Bysacène, nous avons une des plus belles colonies du monde qui, jointe au reste de la Tunisie et à l'Algérie, forme un immense et riche territoire, une seconde France, sœur de son aînée et sa voisine, car elle n'a pas grande distance à franchir pour lui tendre la main par-dessus les flots bleus de la Méditerranée.

Mais il faudrait, pour exploiter ces terres, que les Européens, surtout les Français, fussent beaucoup plus nombreux qu'ils ne le sont actuellement. Jusqu'ici les petites colonies européennes du littoral de la Tunisie ne quittaient qu'à peine les villes, car la campagne était sillonnée par des bandes de bédouins voleurs et assassins. Dans les cités, comme à Sousse, les Arabes sont plus civilisés, plus tranquilles, plus amateurs du commerce; ils sont propres et fiers dans leurs larges culottes bien blanches avec leurs amples burnous et leurs turbans coquettement ajustés. On dit qu'ils descendent des anciens

Maures d'Espagne, tandis que les Arabes de la plaine descendent des Numides vagabonds.

En tout cas, maintenant que nos troupes sillonnent la Tunisie, il est certain que les tribus du désert deviendront moins turbulentes, en sorte qu'avec notre protectorat, le Sahel peut avoir un avenir magnifique.

Sousse est le port principal d'où l'on exporte les produits du Sahel : on y fait un grand commerce de blés et d'huiles.

Le Sahel, cette vaste région qui s'étend sur toute la côte du golfe d'Hammamet et bien avant dans les terres jusqu'au mont Zaghouan, est d'une richesse prodigieuse ; on y ferait des fortunes rien qu'avec les olives qu'on y récolte. Mais les Arabes laissent perdre la moitié des avantages de ces terres qui furent le grenier des Romains. Si nous arrivons à coloniser intelligemment cette contrée, nous aurons là un pays plus florissant que n'importe quelle contrée de France.

La terre y est féconde, le ciel d'une pureté incomparable. La mer, presque constamment belle, produit beaucoup d'éponges. Ce sont des rives enchanteresses bordées par des villes de dentelles comme Sousse, Monastir, Mahédiah, dont la blancheur éblouit.

On ne connaît pas, en Europe, ces perspectives ruisselantes de lumière qui se joignent à l'abondance extraordinaire de la terre.

Pour bien coloniser ce pays et en faire une seconde France, nous pouvons tirer un grand secours de l'élément indigène, Arabes des tribus vagabondes aussi bien qu'Arabes des cités, si nous savons nous y prendre. L'Arabe est le moindre de nos ennemis d'Afrique ; la plus

... J'ai vu de vieux Arabes porter sur leur burnous la croix de la
Légion d'honneur avec une dignité de princes; ceux-là, ils adorent

grande haine du nom français se concentre, là-bas, dans le cœur de l'Italien et du Juif.

L'Arabe, malgré sa religion fanatique et matérielle qui lui abaisse le sens moral, a cependant conservé un fonds de noblesse, de fierté et de courage qui le rend digne de comprendre notre généreuse nature française. Il a donné ses preuves dans nos armées en 1870, et il en donne encore chaque jour en se dévouant à nos intérêts dans nos nouvelles expéditions d'Afrique. J'ai vu de vieux Arabes porter sur leurs burnous la croix de la Légion d'honneur avec une dignité de princes ; ceux-là, ils adorent la France et tout leur sang est à elle.

Tous aspirent à montrer leur dévouement ; les goums nous sont des auxiliaires très fidèles, et le moindre signe de contentement envers leurs services les rend prêts à se sacrifier pour nous. Certes, nous avons encore des ennemis ; beaucoup d'indigènes couvent une sombre rancune dans leurs instincts sauvages et n'attendent que le moment favorable pour se révolter et faire parler la poudre ; mais ceux qui savent apprécier les bienfaits de notre civilisation et comprendre leurs véritables intérêts sont les plus nombreux. Nous n'avons qu'à vouloir et ils seront nos amis à toute épreuve.

Malheureusement nous ne savons pas tout à fait les récompenser selon leur caractère et leur idéal. Nous ne les traitons pas assez en Français ou plutôt en guerriers, car soldats et Français pour eux sont synonymes ; nous les regardons encore trop comme des vaincus.

C'est le Juif qui a toute notre faveur, et cependant le Juif est le plus grand obstacle à notre colonisation africaine, et il deviendra, dans un temps à venir, la cause de la perte de notre colonie, si nous n'y prenons garde sérieusement.

Notre présence dans le pays rend l'Arabe plus libre et plus riche, et il le comprend : c'est pourquoi il nous aime. Le Juif, au contraire, tend à rendre l'Arabe esclave et plus pauvre en lui prêtant à usure quelques petites sommes d'argent et en arrivant peu à peu, créancier atroce, à se saisir de toutes les terres, des animaux et de tout ce que possède l'indigène. Aussi l'Arabe déteste le Juif et crache par terre de dégoût en le voyant. Il arrive par conséquent que, sans raison, nous sommes les amis et protecteurs du Juif son ennemi et le nôtre ; alors l'Arabe s'y perd et ne sait plus que penser. Lui, qui a le caractère noble et guerrier, il se demande comment nous pouvons favoriser le Juif qui est bas et lâche et ne sert qu'à regret dans notre armée. L'Arabe verse son sang pour nous ; le Juif nous vole et nous trahit, et c'est le Juif qui a nos faveurs.

Parfois, lorsque nous réquisitionnons des indigènes pour porter nos vivres ou faire d'autres travaux, nous trouvons des gens paresseux et lents ; cela tient à ce qu'ils appartiennent à la dernière classe de leurs tribus nomades et qu'ils sont habitués à se nourrir de peu et à fumer sans rien faire durant des journées entières. Mais ces gens, paresseux au travail, deviennent actifs, vigilants et courageux dès qu'ils sont soldats et qu'on leur donne un fusil et un cheval.

Lorsqu'on les fait travailler, on s'irrite souvent de leur lenteur et on les presse en les frappant avec le bâton : ils ne trouvent cela ni extraordinaire, ni cruel, car c'est la coutume du pays ; ils ne se révoltent pas sous les coups, mais ils n'en travaillent pas mieux. Qu'on en fasse des soldats, qu'on les distingue et qu'on les félicite, aussitôt ils deviendront des héros.

C'est pourquoi, en Tunisie, comme en Algérie, l'ordre me semble renversé : il faudrait le rétablir. Il faudrait que les Arabes ne soient que soldats ou laboureurs, et on ne devrait permettre aux Juifs que les travaux des routes, les durs emplois et leur interdire le commerce. Ce sont les Juifs qu'il faudrait mener avec le bâton à la place des Arabes et nous arriverions à les utiliser comme travailleurs, car ces gens, quand ils ne se sentent pas les plus forts, se courbent sous le faix; ils ont des âmes d'esclaves et ils sont trop lâches pour se révolter.

Pourquoi incorporer les Juifs dans notre armée ? Pour nous trahir. Au moins, ils ne nous trahiraient pas avec la pioche et la pelle, et surtout ils ne voleraient pas aussi effrontément qu'ils le font dans le commerce.

Si nous voulons perdre nos colonies d'Afrique, laissons aller les choses telles qu'elles; si, au contraire, nous voulons fonder, là, un empire magnifique, chassons les Juifs sans pitié ou faisons-en des manœuvres; l'Arabe ne doit être que soldat.

Après l'exécution du Juif, nous aurons l'amitié sans retour de l'Arabe. Mais l'amitié ne suffit pas; il faut aussi que nous soyons les maîtres par la grandeur morale et nous ne les deviendrons que par la pratique ferme et ouverte de notre religion. Ne tirons pas le canon pour le rhamadan : ce n'est pas cela qui nous fait admirer de l'Arabe; mais faisons sortir nos processions splendides sous l'or et sous les fleurs, au milieu des harmonies de la musique et encadrées des armes de nos soldats. Montrons haut notre Dieu et nous serons grands de toute la hauteur de notre belle et chrétienne nation.

Montrons la sublimité de notre culte catholique à ces descendants des Numides et des Maures ; ils ne se convertiront peut-être pas, mais voyant la supériorité de notre religion sur la leur, ils nous vénéreront et se soumettront plus volontiers à nous. N'oublions pas que l'Arabe est profondément religieux quoique abruti par les enseignements faux et fanatiques de l'Alcoran. Il méprise les athées ; et nos ennemis, connaissant cette disposition, la mettent à profit, exploitent notre indifférence religieuse et nous accusent d'athéisme auprès de l'Arabe pour le faire se révolter contre nous.

Le musulman ne rougit pas de son Dieu et, n'importe où il se trouve, il prie.

Au milieu des ruines d'Hadrumète, j'ai vu souvent un Arabe quelconque faire sa prière, à l'heure consacrée. Sans respect humain, il se déchausse, s'agenouille, se prosterne, baise trois fois la terre, lève trois fois les mains au ciel en criant : *Allah kebar! Allah kebar!* « Dieu est grand ! » Puis il se relève, remet ses sandales jaunes et continue son chemin. Mes compagnons regardaient curieusement, riaient et se moquaient en lui lançant quelques épigrammes. Pour moi, je ne m'en suis jamais moqué. Cette voix, s'élevant au milieu des ruines, en face de l'espace, me laissait une impression étrange, et je respectais la prière musulmane parce que tout ce qui se rapporte à Dieu doit être respecté. Il n'y a que les pratiques superstitieuses et insensées, comme il y en a de trop nombreuses dans l'islamisme, qui me font rire tout en me pénétrant d'une certaine répulsion.

Arabe en prière, invoquant Allah. (V. p. 208.)

L'Arabe possède aussi une certaine pitié, une certaine charité, malgré l'égoïsme et la brutalité des sens que n'atténue en rien sa religion trop matérielle. Souvent, sur le bord du chemin, on rencontre des mendiants et des mendiantes aveugles ou infirmes, enveloppés d'une pièce d'étoffe en loques. Ils tendent la main. Jamais le passant ne va plus loin sans lui donner une figue, quelques dattes, quelques olives ou quelques légumes. Puis, content de sa bonne œuvre, il frappe son âne, et *arrhi*, *arrha*, en route !

Il y a, dans les murs des mosquées, de petits trous par lesquels passe un tube qui communique avec une gargoulette d'eau fraîche entretenue par le marabout. A chaque minute, on voit de pauvres diables aspirer dans ce tube et se désaltérer avec avidité. Ma foi, j'ai vu aussi des soldats français en faire autant durant les chaleurs torrides. L'eau de la mosquée servait ainsi au chrétien et au musulman.

Je le répète, toute réussite, ici, sera par la religion ; c'est la religion qui nous fera de la Tunisie une colonie superbe, c'est la religion qui nous la conservera, c'est la religion qui sera cause que l'élément arabe deviendra notre plus puissant auxiliaire pour coloniser.

Mais, outre l'élément arabe, il y a aussi en Tunisie une population européenne qui peut se diviser en deux parties principales : la population maltaise et la population italienne. Cette dernière est, avec le Juif, notre plus mortelle ennemie. L'Italien et le Juif, en Tunisie, sont deux serpents aussi haïssables l'un que l'autre : le Juif est vil et il nous mord lâchement en profitant de nos bienfaits ; l'Italien est trompeur et il nous mord hypocritement.

Il ne faut, ici, se fier à la bonne foi italienne pas plus qu'à la bonne foi juive, et j'ai été témoin d'une escroquerie immense au sujet des réquisitions d'arabats, dont je ne veux pas parler parce que plusieurs Français trop naïfs y ont participé malgré eux ; mais cette escroquerie m'a mis sur la voie de bien des faits et gestes qui montrent la fourberie italienne sous un jour hideux.

Il est juste de dire que la plupart des Italiens de ces contrées ne sont que des aventuriers, le rebut de leur pays. Nous n'avons qu'à les mépriser pour les vaincre, car ils sont trop mesquins pour blesser dangereusement notre influence ; c'est le Juif qui est à craindre, car le Juif est légion, et le Juif finira par nous frapper à mort si nous ne le chassons impitoyablement ou si, comme je l'ai déjà dit, nous ne le condamnons à ne travailler qu'aux grandes routes, aux ports, etc., en le surveillant, le revolver d'une main et le bâton de l'autre. Voilà le seul avantage qu'il faut faire aux Juifs tunisiens.

Ainsi donc, l'Arabe soldat ou laboureur, le Juif ouvrier et manœuvre au lieu de commerçant, l'Italien méprisé, le drapeau religieux tenu majestueux et ferme à côté de notre drapeau militaire, et nous voilà devenus les maîtres incontestés, influents et forts en Tunisie.

Nous avons pour nous toute la population maltaise qui n'a jamais joui de tant d'abondance que depuis l'occupation de nos troupes. Les Maltais nous aiment, et cela parce qu'ils admirent le cardinal Lavigerie qui, avec son clergé, a mis partout un grand esprit de conciliation. Grâce au cardinal et aux prêtres français, nous avons conquis l'estime et la sympathie de ces Maltais si essentiellement catholiques et qui, par des calomnies antifrançaises, nous étaient tout à fait opposés lors de notre arrivée.

Des institutions de bienfaisance et des écoles sont fondées dans les principales villes, et à Sousse, aujourd'hui, j'admire un collège dirigé par un aumônier militaire. Les enfants de tous les cultes y sont reçus. Au commencement de chaque classe, les catholiques à genoux font leur prière ; les autres sont laissés libres dans leur croyance. On les instruit et on les respecte ; et même, comme signe distinctif des élèves du collège, l'aumônier n'a adopté qu'une étoile à la coiffure, parce que ce signe ne peut blesser aucune conviction.

Ne mettons donc pas d'entraves aux œuvres de notre clergé, et, avec nos écoles, notre religion et notre fermeté, la Tunisie sera bientôt un pays français. Soyons toujours larges et généreux vis-à-vis du prêtre catholique, le vrai et seul pionnier de notre influence et de notre honneur dans ces riches et fertiles contrées.

XVII

FIN DE MON CONGÉ MILITAIRE
TUNIS. — CARTHAGE

Enfin, le 9 octobre 1884, l'heure de ma libération du service a sonné. Ce n'est pas sans une profonde émotion et une mélancolique tristesse que je rends mon harnachement et mes armes, la veille de mon départ, la veille de quitter ce métier militaire durant lequel, pendant cinq années complètes, j'eus, il est vrai, des jours sombres, mais aussi bien des jours resplendissants.

Pourquoi ne me suis-je pas rengagé? Je serais embarrassé de le dire moi-même. Dieu, probablement, qui a ses desseins dans l'éternelle harmonie de sa providence, m'appelait à une autre carrière. Ce n'est que du côté de ce Dieu, conduisant les hommes au gré de sa volonté sainte, que je puis me rejeter, si je veux éclaircir le pourquoi par lequel, sans raison bien nette, j'ai quitté cette carrière que j'aimais.

Depuis plusieurs mois déjà, j'entrevois chaque jour l'heure du départ approcher de plus en plus, et mon cer-

Tunis.

veau se creuse sous une espèce de vide où tourbillonne un doute d'avenir inconnu qui me laisse parfois dans un grand abattement.

Les heures qui me séparent du but me semblent trop rapides, et cependant, par une inexplicable contradiction du cœur, je tâche de les rendre plus rapides encore en m'étourdissant dans la vision enchanteresse des plages de l'antique Hadrumète, en allant chaque jour me plonger dans des bains d'azur, sur un sable d'or, et en respirant l'air des oliviers, au galop de ma gentille jument. Je m'enivre de l'Afrique, car je sens approcher le moment où je vais la quitter pour toujours.

Ces dernières semaines passées au camp de Sousse, avant de regagner la France, ont été pour moi des semaines illuminées d'espace bleu, de soleil, d'éblouissements.

Le jour arrive enfin ; le bateau se balance dans la rade ; à trois heures de l'après-midi, il va me falloir prendre une chaloupe pour m'embarquer. Mais auparavant, je veux consacrer ma dernière matinée à jouir, en une seule fois, de toutes les ivresses de mes belles journées d'Afrique. Je fais seller ma jument et, suivi d'un cavalier, je descends sur la plage. Là, je me baigne pendant une heure, saisissant amoureusement les flots qui glissent entre mes bras, m'y plongeant, m'y replongeant, me délectant de leur fraîcheur et de leur transparente limpidité ; puis je remonte à cheval et me voilà parti au galop en suivant les courbes du rivage et en accablant ma Nadège des mots les plus doux : elle dresse l'oreille, semble me comprendre et, coquette, s'anime de plus en plus dans un entraînement étourdissant, comme pour se faire davantage regretter de moi. Nous fendons l'air et je suis haletant sous l'émotion de cette suprême matinée.

Enfin il faut en finir ! Je rentre au camp. En quittant le pied de l'étrier devant ma tente, je donne une dernière caresse à Nadège et lui dis adieu ; elle s'en va toute seule, en caracolant, vers son écurie. Je détourne les yeux, car le regret m'oppresse, moi qui considérais tant comme une amie cette Nadège, ma compagne de courses et de voyages à travers les plaines, les montagnes et le désert ! Ce jour-là, après le repas, je ne lui porte pas sa provision ordinaire de biscuits et de pain, car je ne veux pas la revoir : ma peine serait trop grande. Adieu, Nadège ! tu vas appartenir à un autre maître !

Je déjeune une dernière fois sous notre beau caroubier ; je vais serrer la main de mon lieutenant ; puis mes collègues m'accompagnent à la jetée. Plusieurs montent avec moi dans la chaloupe jusqu'à bord où nous trinquons le coup de la séparation. Ils retournent à terre ; j'ai quitté à jamais mes bons et chers camarades du régiment !

Mon cœur est bien gros ; je sens une partie de ma vie s'écrouler devant ces plages que je quitte et s'ensevelir dans les flots de ce golfe, pour faire place au vide de l'avenir.

Le bateau lève l'ancre à cinq heures du soir et nous nous mettons en route par un des plus splendides soleils couchants que j'aie jamais vus. La masse noire du mont Zaghouan plane dans l'or du ciel au-dessus de l'horizon. Enfin Sousse la Blanche s'évanouit dans le lointain : alors des larmes de regret montent à mes yeux et un sanglot me barre la gorge...

Ruines de Carthage. Les Grandes Citernes.

Jusqu'à onze heures du soir, je reste sur le pont : j'ai besoin d'air et d'espace. Les flots ruissellent de clair de lune ; on n'entend que le navire qui fend l'onde. C'est une nuit étoilée, transparente et pure.

Le lendemain, à 4 heures du matin, nous arrivons à la Goulette, où je dois débarquer et rester trois jours en attendant le paquebot de France. Comme nous mouillons à 1 kilomètre du rivage et que je dois rester à bord jusqu'à 9 heures, avant de pouvoir me procurer une barque pour descendre à terre, j'occupe mon loisir à explorer avec ma jumelle marine toute la côte de cette belle rade de Carthage. La journée est radieuse et le navire se balance majestueusement sur les vagues ensoleillées.

A droite, sur le cap de Carthage, s'élève en amphithéâtre le joli village arabe de Sidi-Bou-Saïd, dont la blancheur rayonne au milieu de quelques palmiers et de hautes touffes d'aloès. Un peu plus bas, les masses grises des Grandes Citernes au milieu d'un terrain aride et nu sont les principaux restes des ruines de Carthage ; puis, en continuant de suivre le demi-cercle du golfe, on aperçoit successivement le tombeau de saint Louis, le séminaire des Pères Blancs, les anciens ports de Carthage, le harem du Bey, les villas pleines d'ombrages de Mustapha-Ben-Ismaïl et de Kérédine, puis on arrive à la Goulette, posée à fleur de terre comme une sentinelle devant le lac El-Sedjouma. Au delà de ce grand lac apparaît Tunis, vaste et blanche ville étendue paresseusement, appuyant sa tête sur une chaîne de collines qui semblent lui servir d'oreiller, et baignant ses pieds dans les flots bleus. Un peu à gauche, le géant du Zaghouan ferme l'horizon de cet immense point de vue ; de sombres montagnes rocheuses se rapprochent du rivage ; au-dessous d'elles, le soleil reflète ses rayons sur Radès et Hammam-el-Lif, riants et frais villages qui terminent la pointe opposée de cette rade éblouissamment belle.

Je n'ai point besoin de dire qu'à la poésie de ce panorama splendide viennent se joindre les plus beaux souvenirs de l'histoire, qui défilent devant ma mémoire en ce lieu, l'un des plus célèbres de la terre.

En débarquant à la Goulette, on s'aperçoit plus qu'ailleurs de la pauvreté tunisienne. Ce pays musulman par excellence voit ses indigènes s'éterniser dans un continuel croupissement de misère qui a sa note caractéristique dans les forçats. Attachés deux à deux et traînant un boulet aux pieds, les forçats balayent les rues sous la direction d'un soldat du Bey. On prendrait ce soldat pour un mendiant, et il l'est en effet, avec son pantalon noir trop court, ses pieds nus dans de vieilles savates éculées, sa chéchia qui a été rouge et qui est maintenant toute crasseuse, sa figure misérable, efféminée, vicieuse, et ses yeux endormis. L'armée du Bey se compose de deux ou trois mille semblables pauvres diables ; les capitaines et les colonels vous tendent volontiers la main pour avoir quelques sous. Ces soldats font la police beylicale et gardent les portes des villes en tricotant et en tenant leurs mauvais fusils à pierre comme des manches à balai. Tels sont les restes misérables et abâtardis de ces armées musulmanes, autrefois victorieuses de l'Asie et de l'Afrique.

Ces soldats et ces forçats forment la seule note originale de la Goulette, ville qui n'a pour parure que du clinquant : des Juives courtisanes et de vieux canons.

Un chemin de fer italien, vraie guimbarde, va de la Goulette à Tunis, en contournant le lac El-Sedjouma. Ayant deux jours à passer dans la célèbre cité barbaresque, je me livre au primitif véhicule italien qui, malgré sa lenteur, trouve moyen d'effrayer les flamants roses du lac.

Que dire sur Tunis, cette ville déjà tant décrite et tant connue ! Aujourd'hui tous les lecteurs savent que Tunis orne ses bazars des plus riches étoffes et des plus brillantes armes orientales, ses rues tortueuses des plus mystérieux moucharabis, ses mosquées des plus capricieuses arabesques, ses palais des plus beaux marbres et des plus fraîches citernes. Et cependant Tunis n'est qu'une ombre éblouissante. De loin, ses pieds paraissent baignés dans l'azur de son lac ; de près, ils sont couverts de poussière et de boue. Sa tête est couronnée par les remparts, par le palais de Dar-el-Bey et par la Casbah ; mais cette couronne, pour fleurons, n'a plus que de vieux canons rouillés et silencieux à jamais. Tunis, la rêveuse, est couverte de haillons ; ce n'est plus qu'une mendiante, couchée paresseusement au soleil, et ne conservant de ses antiques souvenirs que plusieurs joyaux d'architecture mauresque comme quelques mosquées, une vaste caserne dont la cour est entourée d'une superbe colonnade, et surtout le palais Dar-el-Bey. Ce dernier renferme de nombreuses pièces qui s'enchevêtrent les unes dans les autres, et je ne m'y reconnais que parce que je suis accompagné d'un officier de la garde beylicale. Tous les marbres qui ornent ces galeries, ces vestibules et ces chambres, proviennent des ruines de Carthage. On sent, dans la disposition de ces colonnes et de ces murs bariolés de faïences, combien les princes musulmans aiment la fraîcheur, le mystère et la volupté.

Après la visite de Dar-El-Bey, il n'y a qu'un pas à faire pour entrer à la Casbah et gravir les rampes de cette antique forteresse à moitié en ruine. La Casbah domine Tunis et, du haut de sa terrasse, on jouit d'une belle vue d'ensemble sur la ville qui s'étend comme un vaste échiquier de terrasses plates au-dessus desquelles, çà et là, des coupoles blanches se gonflent et des minarets se dressent. Une espèce de silence triste enveloppe ce panorama. On dirait que la vraie vie, la vraie beauté, s'est retirée là-bas au grand horizon de la mer qui resplendit par-dessus les eaux dormantes du Lac.

A Tunis, l'Orient tout entier apparaît, et les indigènes s'y agitent dans une vraie liberté qui, pour beaucoup d'entre eux, consiste à ne jamais être inquiétés dans leur paresse ; ils se couchent le long des murs, se drapent dans leurs burnous troués, rapiécés, couverts de vermine, plongent leurs regards vagues dans l'espace, fument des cigarettes, ne songent à rien et vous regardent à peine passer. Les vieilles barbes grises surtout étalent fièrement leur crasse au soleil : on dirait que leur suprême bonheur est de contempler leur beau ciel bleu et de vivre à ne rien faire dans un fatalisme aveugle.

Quant aux femmes, ce sont des paquets de chiffons ambulants ; elles se cachent hermétiquement la figure et l'on dirait des êtres informes qui s'avancent.

Ces couleurs sombres et sales sont en harmonie avec les rues étroites, mal pavées, irrégulières où l'on peut craindre à chaque instant de faciles surprises. Quand on a passé la porte Bab-el-Bar, originale et gracieuse avec ses inscriptions arabes, on se trouve aussitôt en face de ces rues qui conduisent dans les dédales sans fin de la

Place de la Casbah et Dar-el-Bey à Tunis. (V. p. 223.)

Perle de l'Occident (c'est ainsi que Tunis se dénomme), cette cité qui, de par la fatale stabilité musulmane, est condamnée à étouffer en dedans de ses remparts, sans jamais s'étendre plus loin. On se perd dans ces rues enchevêtrées et sans ordre ; on ne sait où l'on va arriver, au milieu de ces maisons complètement closes et tristes : c'est une promenade d'inconnu, qui n'est pas sans charmes.

Il y a de très belles maisons appartenant aux riches seigneurs de Tunis. Plusieurs de ces maisons sont habitées maintenant par des officiers supérieurs français, par la gendarmerie, etc... ; et, en les visitant, j'ai l'idée de toutes les autres. Elles sont sans fenêtres sur la rue ; c'est pourquoi l'extérieur ne présente d'intéressant que les portes artistement sculptées. L'intérieur est splendide. Comme dans les autres villes arabes, la cour est carrée et pavée de marbre ; mais ici, comme plusieurs à Kairouan, les édifices sont à deux étages, en sorte qu'il y a deux galeries superposées dont les colonnes légères supportent des arcades mauresques très élégantes ; les murs sont ornés de fines arabesques et de faïences multicolores, et forment un ensemble charmant avec des encadrures de dentelles de marbres.

Les chambres s'ouvrent et prennent jour sur ces galeries, en sorte qu'on est là chez soi, comme isolé entièrement de la ville. Les femmes peuvent y être à l'abri de tout regard indiscret.

Cette disposition de construction empêche le soleil de trop pénétrer dans ces maisons ; les murs sont épais ; souvent une fontaine jaillit au milieu des marbres de la cour. On s'assied, là, dans une délicieuse fraîcheur et, en levant la tête, on voit au-dessus de soi un grand carré de ciel qui s'étend comme un joyeux et transparent velum d'azur.

Sous les chaleurs de la journée, Tunis semble dormir ; c'est le soir, à la fraîche, qu'elle se réveille ; l'on entend alors les discordantes musiques des cafés maures. Beaucoup d'Arabes, bouche béante, écoutent longuement, sans bouger, ce charivari composé des sons d'un mauvais violon, d'un tambour de basque et d'un tambour en forme de poire dont la peau est tendue à la place d'un fond de gargoulette. Ce sont toujours les mêmes airs sans fin, plaintifs, bruyants, accompagnés parfois de chansons rauques dont les mêmes mots sortent toujours à plein gosier. Pendant de longues heures, cette musique étrange se fait entendre dans la nuit. Les musiciens, assis en tailleurs, sont imperturbablement sérieux ; leurs gestes automatiques et la parfaite indifférence de leurs visages font rêver le spectateur, et l'on se demande quels sont ces hommes et quel fatalisme les absorbe. Autour d'eux, quelques lumières fumeuses, suspendues à des perches, jettent une clarté pâle : on dirait une dérision du beau ciel étoilé.

Ce spectacle nocturne est quelque peu sauvage ; il montre un peuple naïf, mais d'une civilisation manquée : ce n'est pas là une belle note orientale.

Pour trouver les tons d'Orient si chauds et si colorés, il faut pénétrer dans les soucks. Ces bazars ressemblent à ceux de Sousse, de Sfax ou de Kairouan, et si j'en parle, c'est qu'ils sont ici plus animés, plus nombreux, plus brillants en même temps peut-être que plus sales.

Une odeur de musc semble être l'air naturel que l'on respire en ces ruelles. L'illusion de l'Orient y est complète : c'est une évocation des siècles disparus ; c'est tout le passé de l'Islam qui ressuscite devant vous et fait songer aux descriptions du moyen âge et aux visions des *Mille et une Nuits*.

Dans la foule qui grouille, on entend un bruit continuel et assourdissant de voix rauques, comme si on était dans une ruche aux bourdonnements fantastiques.

Il y a le souck ou bazar des parfums, le souck des étoffes, le souck des chaussures, etc... Chaque souck, chaque ruelle a son odeur particulière qui varie depuis les parfums de l'essence de rose jusqu'aux senteurs de bouc. Plus loin, ce sont les émanations de l'huile rance d'un fabricant de galettes accroupi au milieu de ses marmites bouillantes.

Les marchands sont habillés de brillantes étoffes jaunes, rouges, vertes ou roses. Assis en tailleurs dans leurs étroites boutiques, ils semblent dédaigner les acheteurs et ont entre eux des conversations interminables. Les Juifs seuls vous assaillent d'importunités.

Des cuirs brodés d'or, des selles, de larges étriers, des tapis, des mouchoirs bariolés, des babouches, des armes fulgurantes et mille bibelots orientaux sont jetés ou suspendus pêle-mêle dans les échoppes.

Des toits, percés çà et là, couvrent les ruelles pour y entretenir plus de fraîcheur. Il n'y a pas de trottoirs dans ces étroits boyaux, au milieu desquels coule parfois une eau fangeuse qui descend du haut de la ville et forme une boue épaisse. Une animation intense règne dans les soucks ; on n'y voit qu'entremêlement de burnous crasseux s'agitant au milieu de riches chlamydes ; c'est une gamme de nuances qui varie entre le chatoiement des soies multicolores et le brun de la boue de ces rues-ruisseaux. Cette fange est collante et l'on s'y salit comme s'il avait plu à torrent, tandis qu'au dehors le ciel est d'un inaltérable azur. C'est alors que, lorsqu'un rayon de soleil réussit à pénétrer par quelque fissure aux toits, toutes les étoffes aux mille teintes et toutes les armes damasquinées se jouent dans une lumière poudroyante d'or ; on perd ses regards, pour un instant, dans ces fantasmagories orientales et l'on admire la magie de toutes ces couleurs pendant qu'on a les pieds dans la boue. O splendeur et misère !

Tout est contraste à Tunis. A côté des vilaines guenilles que portent trop souvent les femmes tunisiennes, on voit les riches costumes des Juives. La graisse étant ici synonyme de beauté, les Juives mettent tout leur soin à être grasses. Celles qui ont le mieux réussi à se donner beaucoup d'ampleur et d'embonpoint aiment se faire voir. Les pieds à demi chaussés de babouches, elles marchent lentement à travers les rues et balancent complaisamment leur graisse sous des vestes de soie aux couleurs voyantes, sous des caleçons collants ornés de bouffettes et sous de petits casques dorés. Au premier coup d'œil, on est charmé par l'éclat des teintes de leurs vêtements ; mais on se prend tout de suite à rire devant cet accoutrement qui rappelle les saltimbanques en parade dans nos foires. Ces pauvres Juifs, avec leurs richesses, n'en arrivent parfois qu'à être ridicules.

Ce sont les Juives qui, à Tunis, ont la spécialité de nous déshonorer en attirant nos officiers et nos soldats dans des guet-apens de débauche.

Comme toute capitale qui se respecte, Tunis possède sa jeunesse dorée. Au milieu de la saleté indigène, on voit se promener de jeunes Arabes gommeux, souliers vernis, bas blancs, larges culottes flottantes, vestes roses ou bleues, fez avec turban de soie, chlamydes d'une rectitude intacte. Ce sont les élégants de la promenade de la Marine ; ils sortent de leur nid musulman pour venir poser dans le quartier européen. Leur visage efféminé, leur air d'eunuque, leur démarche insolente et voluptueuse me dégoûtent. Ma foi, je préfère l'Arabe de la plaine ou de la montagne, avec son burnous troué et son fusil, à ces jeunes Tunisiens poseurs, avec leur bouquet de jasmin sur l'oreille.

Le quartier européen occupe l'espace compris entre le lac et les remparts de Tunis ; il se compose d'une longue avenue qui conduit du port à la porte Bab-el-Bahr et qui est bordée par des hôtels, des cafés, la poste, la Compagnie transatlantique, sans oublier l'église catholique, le palais de l'évêché et les vastes bâtiments en construction qui vont servir de collège et de séminaire.

La religion catholique envahit tout. Cette ville européenne sort à peine de terre à côté de la vieille cité musulmane, les matériaux jonchent encore les rues et les boulevards, les maisons n'ont pas encore séché sous leur plâtre neuf, et déjà la religion du Christ arrive avec ses missionnaires, ses religieuses, sa doctrine bienfaisante et son noble caractère. Oh ! la belle envahisseuse ! Si les peuples savaient la faire toujours reine et maîtresse comme ils seraient heureux, comme ils resteraient grands !

La France a tous les atouts en main à Tunis, mais il faut qu'elle soit religieuse, comme je l'ai déjà dit. Les populations du pays ont les yeux fixés sur une personnalité française qui les éblouit beaucoup plus que nos généraux : cette personnalité est un cardinal qui réussit à faire aimer la France en se faisant aimer et admirer lui-même. Le cardinal Lavigerie a plus fait pour nous, à lui seul, que tous nos corps expéditionnaires ; cette grande figure plane haut sur toute la Tunisie : c'est le grand marabout chrétien ; souvenons-nous que cette figure auréolée de religion et de patriotisme est une figure française, et donnons-lui la main, une main religieuse, pour l'aider dans l'œuvre tunisienne.

Pendant ma seconde journée passée à Tunis, je vais visiter le Bardo, en passant auprès de l'arsenal du Bey, puis sous de grands aqueducs qui traversent la plaine et conduisent dans la ville l'eau du mont Zaghouan.

Le Bardo n'est qu'un amas de maisons au milieu duquel se trouve le palais du Bey et celui de son premier ministre. Cela forme une petite ville où demeurent tous les officiers et domestiques va-nu-pieds de la cour de ce singulier monarque arabe.

Le harem, avec ses femmes et ses ennuques, est naturellement invisible.

Pour arriver au palais, il faut traverser la Cour des Lions, d'une belle décoration orientale. Cette cour et la salle de justice, avec ses arcades mauresques, sont ce qu'il y a de plus curieux ici pour un amateur de la couleur locale, car les appartements du Bey ne sont que des pièces ornées de tapis et de boiseries européennes du plus ou moins mauvais goût.

Du Bardo, je vais à la Manouba qui me ravit par ses riches palais décorés d'arabesques d'une finesse merveilleuse. Leurs légères colonnades de marbre forment de blanches découpures sur le ciel bleu. Des jardins d'oran-

La salle de justice du Bey, au Bardo.

gers entourent ces riches demeures ; on se trouve là dans une région féerique digne d'être célébrée par le chantre d'Armide.

Le soir, je quitte Tunis et je reviens à la Goulette, en passant par la Marsa.

Séjour ravissant, avec ses beaux ombrages et ses villas arabes, la Marsa est assise mollement sur les sables abondants du rivage, de l'autre côté du cap. On est là dans une solitude enchanteresse, tout inondée de vagues bleues et de soleil.

A la Marsa s'élève le palais épiscopal du cardinal Lavigerie et le palais d'été du Bey.

Par la nuit étoilée, je suis de retour à la Goulette et je couche sous une tente plantée dans le sable au bord des flots. Demain je passerai entièrement ma dernière journée à parcourir les lieux arides où fut Carthage et à rêver sur ses ruines.

Une route poudreuse conduit de la Goulette à Carthage ; pas un arbre ne donne d'ombre rafraîchissante au voyageur alourdi sous l'air embrasé ; l'atmosphère semble s'appesantir ; on sent déjà, sur le chemin, un avant-goût de désolation. Et l'on monte péniblement dans les cailloux et la poussière.

Sur le sommet le plus élevé, avant de parvenir à la haute pointe du cap, s'élèvent la chapelle de Saint-Louis et le séminaire français des Pères Blancs, construction très originale de style gothique et mauresque en harmonie avec le pays. C'est l'endroit même où furent la citadelle de Byrsa et le temple d'Esculape. Les Pères Blancs portent une sorte de grandoura blanche, avec le fez rouge : cela ressemble presque au costume arabe. Ils accueillent l'étranger avec beaucoup d'hospitalité, surtout le soldat français. A quelque heure du jour qu'on frappe à leur porte, ils ne témoignent jamais d'impatience : jamais personne n'est rebuté ; le moindre troupier peut s'y présenter sans crainte, et c'est avec l'urbanité la plus parfaite qu'ils vous font visiter leur belle collection d'antiquités phéniciennes, grecques et romaines, véritables richesses archéologiques recueillies dans les ruines de Carthage : pièces de monnaie, lampes en terre cuite, colliers, statuettes, urnes funéraires, etc...

Ces bons Pères, outre le séminaire français, tiennent aussi un collège dans lequel Arabes et chrétiens reçoivent l'instruction, sans dictinction de religion. Aussi les Arabes aiment-ils beaucoup ces missionnaires, qui leur rendent parfois de grands services. A l'époque des vacances, les riches cheiks ou caïds sont heureux d'appeler près d'eux, pour quelques jours, les maîtres de leurs enfants, et les reçoivent avec de grands honneurs : cette amitié pour des Français rejaillit sur la France. Si les Français, qui ne sortent pas de France et qui mangent du prêtre sans danger, savaient ce qu'est et ce que peut le prêtre sur ces rives étrangères, ils se prosterneraient à ses pieds comme devant l'ange de la civilisation et le salueraient comme le plus glorieux porte-drapeau de notre pays.

En sortant du séminaire français, on se trouve sur un terrain aride, dévasté, pierreux, et l'on se demande s'il est bien vrai qu'une ville puissante ait existé là.

Les siècles se sont succédé et n'ont pu cependant voiler les trois grandes visions qui planent, comme une nuée immortelle, au-dessus de Byrsa : Didon sur son bûcher, la femme d'Asdrubal se jetant dans les flammes pour ne pas survivre à sa patrie, et saint Louis mourant sur la cendre.

De quelles gloires et de quelles infortunes Byrsa fut témoin ! La fable et l'histoire s'y sont donné la main d'une manière aussi merveilleuse. Puis, pour clore cette épopée, un roi de France vient y mourir au milieu de son armée de chevaliers.

Depuis lors, ces lieux solitaires sont retombés dans un silence troublé seulement par la grande voix de la mer.

Du haut de Byrsa se déroule un panorama d'une imposante majesté. C'est à peu près le même que j'ai aperçu du pont du navire en rade, mais la perspective est plus distincte et présente encore plus de grandeur. Au fond du tableau, le mont Zaghouan, avec sa masse sombre, domine les autres montagnes comme un géant. Puis ce sont des collines azurées qui ondulent en se rapprochant. Sur la pente douce de l'une d'elles s'appuie Tunis, la reine des corsaires, si déchue maintenant. L'Hammam-el-Lif dort de l'autre côté du golfe, en face l'immense azur de la Méditerranée.

Sur la pointe du cap s'ensoleille le blanc village de Sidi-Bou-Saïd, avec son minaret, son phare et quelques palmiers.

Au pied de Byrsa, les anciens ports de Carthage, qui virent tant de flottes puniques et romaines, étendent leurs môles, dont on aperçoit la ligne noire sous les flots qui les recouvrent. Là fut le Cothon : là est maintenant un harem du bey !

En suivant la plage, on voit, comme des îlots de verdure, les épais ombrages de la villa Kéreddine et du palais de Mustapha ; ce sont de fraîches et voluptueuses demeures couvertes de marbres et d'arabesques, bien aérées, caressées par les vagues et dignes des houris orientales.

Mais au milieu des splendeurs de ce ciel et de cette mer, quelle désolation, là, à vos pieds, sur les ruines de Carthage !

Il n'y a plus que d'immenses citernes voûtées, à fleur de terre et à moitié démolies dans un terrain nu où campe l'Arabe vagabond sous sa tente en poils de chameau.

Quelle catastrophe ! Plus rien, rien que le souvenir, là où fut tant de vie ardente !

Rome existe encore ; Athènes existe encore ; bien d'autres cités antiques et glorieuses sont encore debout, et la célèbre Carthage n'est plus !... Rien !... Rien que l'Arabe nomade, le chameau, l'oiseau, la vague et le silence !

Oh ! quel endroit pour rêver ! Comme devant les yeux passent les grandes ombres des grands infortunés de cette cité ! Sophonisbe, femme jeune et belle de Syphax, roi des Gétules, prise captive par Massinissa, roi des Numides, et empoisonnée par ce dernier, le lendemain de ses noces avec lui ! Annibal, vaincu à Zama, et fugitif par tout l'univers ! Et bien d'autres encore !

On dirait que Dieu s'est plu à combler ce peuple de revers et de souffrances, comme pour le punir de n'avoir pas eu assez de cœur. C'était un peuple marchand, traître et ingrat.

Plus tard, Marius vint s'asseoir sur les ruines de Carthage, comme pour se consoler de son infortune devant les malheurs de cette ville.

Les Romains reconstruisirent Carthage, et le christianisme, par ses martyrs, fut la gloire de la nouvelle cité. Saint Cyprien, sainte Perpétue, dont l'histoire est si touchante, sainte Félicité et mille autres, immortalisèrent le sol punique par un sang plus pur que celui de tous ses anciens guerriers.

Puis vinrent les Vandales. Enfin Mahomet se leva du fond de l'Orient, avec sa religion destructive et barbare ; alors les Arabes inondèrent l'Afrique, et Carthage disparut du monde à jamais...

Tous ces souvenirs, je les dis ici en quelques lignes, quoiqu'ils soient connus de tout le monde et qu'ils aient été répétés bien des fois. Mais comment les passer sous silence devant ces illustres rivages qui en furent les témoins ! Il faudrait de longues pages pour raconter ce que l'âme ressent sous cette foule d'évocations. Cependant je me tais, car, devant tant de néant, devant tant de révolutions, on ne peut que se recueillir en Dieu et dire : « Seigneur, vous êtes le maître ! »

Oui, Dieu est le maître ; et si, dans l'eucharistie, il parle grandement au cœur ; si, dans la méditation, il parle lumineusement à l'intelligence, sa voix aussi est divinement éloquente devant des ruines et surtout des ruines aussi désolées que celles de Carthage.

C'est au milieu de cette suprême impression, mélancolique et poignante, que je quitte ces lieux solitaires pour venir m'embarquer à la Goulette.

. . . .

A cinq heures du soir, le vaisseau lève l'ancre.

Quelques heures plus tard, au coucher du soleil, la côte s'abaisse peu à peu dans la brume mêlée d'or et de violet. Longuement je regarde encore, jusqu'à ce que disparaisse cette dernière vision de la terre d'Afrique que je ne reverrai peut-être jamais.

TABLE DES MATIÈRES

			Page
Au Lecteur			7
Chapitre I.		Départ de France	11
—	II.	En Algérie	20
—	III.	En Tunisie. — Arrivée à Sousse	46
—	IV.	La Mouniga	56
—	V.	Départ pour Kairouan	67
—	VI.	Un convoi d'arabats	74
—	VII.	Kairouan	83
—	VIII.	Une marche vers El-Djem	100
—	IX.	Encore quelque mois à Kairouan. — Sidi-El-Hani. — Retour à Sousse	116
—	X.	Mort de ma mère	131
—	XI.	Départ pour Sfax	142
—	XII.	Sfax	146
—	XIII.	Retour à Sousse	168
—	XIV.	Notes de journal	174
—	XV.	Sousse	190
—	XVI.	Quelques réflexions	201
—	XVII.	Tunis. — Carthage	214

www.ingramcontent.com/pod-product-compliance
Lightning Source LLC
Chambersburg PA
CBHW071942160426
43198CB00011B/1514